吉林师范大学学术著作出版资金资助

苏永利 郭长军 ◎ 著

文明批判的范式转换

中国社会科学出版社

图书在版编目(CIP)数据

文明批判的范式转换 / 苏永利,郭长军著 . —北京:中国社会科学出版社,2023.12

ISBN 978-7-5227-3113-1

Ⅰ.①文⋯　Ⅱ.①苏⋯②郭⋯　Ⅲ.①马克思主义—研究　Ⅳ.①A81

中国国家版本馆 CIP 数据核字(2024)第 041596 号

出 版 人	赵剑英
责任编辑	宫京蕾
责任校对	秦　婵
责任印制	郝美娜

出　　版	中国社会科学出版社
社　　址	北京鼓楼西大街甲 158 号
邮　　编	100720
网　　址	http://www.csspw.cn
发 行 部	010-84083685
门 市 部	010-84029450
经　　销	新华书店及其他书店

印刷装订	北京君升印刷有限公司
版　　次	2023 年 12 月第 1 版
印　　次	2023 年 12 月第 1 次印刷

开　　本	710×1000　1/16
印　　张	11.75
插　　页	2
字　　数	201 千字
定　　价	78.00 元

凡购买中国社会科学出版社图书,如有质量问题请与本社营销中心联系调换
电话:010-84083683
版权所有　侵权必究

目　录

第一章　从实然到应然：人的生活的未来指向 …………（1）
　一　人是一种可能性存在 ……………………………（1）
　二　反思及其符号化开启了可能性之门 ……………（7）
　三　对超越人的有限性的渴望 ………………………（13）

第二章　文明批判的应然维度：过去、现在与未来 ……（21）
　一　过去维度：从对过去的关系中寻找现在的意义 …（22）
　二　现在维度：现实的就是合理的，合理的就是
　　　现实的 …………………………………………（32）
　三　未来维度：从对将来的关系中寻找现在的意义 …（35）

第三章　返于自然状态：为了"生而自由" ……………（42）
　一　返于自然状态的目的：还原人原初的样子 ……（43）
　二　返于自然状态的方法：把社会分解为它的终极
　　　组成部分 ………………………………………（45）
　三　从自然走向社会的构想：看人是如何走向堕落的 ……（51）
　四　返于自然状态的应然道德诉求：高扬人性的
　　　卓尔不群 ………………………………………（58）
　五　以自然为模本的社会建构：公意与个人自由
　　　的冲突 …………………………………………（70）

第四章　资产阶级市民社会：个人主义的试验场 ……（76）
　一　重申一个事实：我们越往前追溯历史，个人就
　　　越表现为不独立 ………………………………（78）

二　揭露一个目的：启蒙思想构筑的抽象的个人是为
　　资本主义市民社会辩护 …………………………………（83）
三　看清一个真相：分立的个人都是利己主义者 …………（88）

第五章　政治解放：形式平等与人的异化 ……………………（105）
一　不平等使人的天性败坏 …………………………………（105）
二　导致不平等的私有财产制度起源于富人的谎言和
　　欺骗 ………………………………………………………（108）
三　启蒙思想制造了形式平等的谎言 ………………………（110）
四　形式平等带给人的不是自由而是异化 …………………（114）

第六章　人的解放：把人的类本质还给人 ……………………（132）
一　政治解放使宗教成为资本主义市民社会精神 …………（132）
二　市民社会中公人与私人的分裂导致人的异化 …………（134）
三　人的解放就是把人的世界和人的关系还给人
　　自身 ………………………………………………………（138）

**第七章　中国式现代化：克服资本主义现代性弊端的
　　　　文明新图景** …………………………………………（159）
一　现代化的内涵 ……………………………………………（159）
二　现代化不等同于西方化 …………………………………（163）
三　中国式现代化是对西方现代化的扬弃 …………………（166）

参考文献 ………………………………………………………（182）

第一章

从实然到应然：人的生活的未来指向

人是一种可能性存在，人存在于当下，却生活在对未来的希望之中。人的生活的未来指向造成理想与现实之间的矛盾，并促使人从应然的理想高度来审视和评判经验现实。人的生活的未来指向的形成主要有两个原因：一是人的理性具有否定特征，理性反思使人的应然诉求成为可能，理性思维的符号化开启了可能性之门；二是人的存在的有限性使人有了对意义的追问，对完满的要求，对无限的渴望。从实然到应然是人对自身存在有限性的超越，人对自身存在有限性的超越经历了从依靠外在异己的力量到自我超越，发生这一转变的根本原因在于启蒙思想树立了人的自主性，并使知识代替了幻想。

实然与应然是哲学中的一对重要概念，它描述了现实世界与理想世界的关系。为什么在人的认知结构中会出现实然与应然、现实与可能的区分？这就要从独特的人的生命活动——生活——出发来寻找答案，看一看人不断书写自己未来的冲动来自哪里。

一 人是一种可能性存在

人是一种必然性存在，还是一种可能性存在？如果人是一种必然性存在，那么人就选择不了自己成为什么样的人。人不能通过自己的选择来塑造自己的未来，因为一切都是既定的，同时也是可知的；人不是自己命运的主宰者，而是命运在主宰着人。宿命论否认人有意志自由，否认人在规律面前的主观能动性。按照宿命论，人的意志自由没有意义，"按照鼓吹神恩的人的说法，意志是乌有的，因为所有权力都在于上帝；按照唯科学主义的说法，意志不存在，因为自然（或历史）已经替我们决定了一切；血统的裁决（就像那时人们说的）或者说社会的裁决，代替了上帝的意志"。按照决定论，人的命运不是掌握在上帝手中，就是被自己的种族、遗传、历史地位引导着。①

人是一种可能性存在，这意味着人成为什么样的"人"取决于人的选择，而不是预先决定的；人能够通过选择来塑造自己的未来，不是命运在主宰着人，而是人在主宰自己的命运。对人来说，存在先于本质，人的存在向可能性敞开着，如果我们非得说人有本性，那只能用"潜能"来界定。本质论适用于动物、植物和无机物，从一粒杧果的种子人们就可以预知它长成时的样子，正所谓种瓜得瓜，种豆得豆。对动植物来说，本质先于存在，本质决定存在，无论基因发生多么大的突变，杧果也不会变成黄豆，黄豆更不会变成杧果。有自然本性的东西不能自己规定自己，它们只是纯粹地存在着，自然界给动植物划定的界限，它们无法突破。人们不会去埋怨和痛恨狮子嗜血残杀食草动物，因为自然就是这样安排的，无论水草多么鲜美，狮子都无法享用，它们只能被动地去适应环境，没有选择。而人则有选择，人既可向上，使自己成"仁"成"圣"，上帝就是人按照自己形象塑造的；人又可向下，不如禽兽，地狱反映了人心的阴暗面。人能够改变环境，超越自身的自然局限，并为自己争取未来。

可以说，人虽然存在于当下，却生活在未来之中，人思考着未来，谋划着未来，并在实践中不断实现自我超越。人因为对未来充

---

① ［法］茨维坦·托多罗夫：《不完美的花园——法兰西人文主义思想研究》，周莽译，北京大学出版社2015年版，第23页。

满希望而喜悦，也因为找不到生活的希望和人生的方向而倍感焦虑，这种焦虑称为"本体论焦虑"，即感到自己的人生没有方向，自己的存在是多余的。摆脱本体论焦虑，人的一生就应当不断地去探索和追求。正如《钢铁是怎样炼成的》中的主人公保尔·柯察金所说：人的一生应当这样度过：不因虚度年华而悔恨，也不因碌碌无为而羞愧。

海德格尔通过"缘在的时间性"来说明人是一种追求可能性的存在。缘在或此在，表示人类的存在方式，即在此世界中的存在；缘在是能够对存在发问，并对生存着的自身感到惊异的存在。这种存在方式使人不是活在当下，而是朝向未来："只要我们活着，我们就为我们自身谋划着可能性。尽管我们意识到我们是终有一死的，或至少随着年岁渐长而逐渐意识到它，但我们还是在继续思虑着我们的未来。"[①] 恩斯特·卡西尔把人的生活的这种未来指向——"思考着未来，生活在未来"——看作是人性的必要组成部分。卡西尔认为，有机生命不是一个物，而是一个由过去、现在、未来串联而成的过程。在过去、现在和未来三个维度中，最能表现人的生活特征的是"未来之维"；即使是对过去的记忆也不是简单的"再现"，而是"新生"，是对未来的关联。"我们更多地是生活在对未来的疑惑和恐惧、悬念和希望之中，而不是生活在回想中或我们的当下经验之中"[②]。费希特把人性的这种未来指向描绘为"趋势"，也就是说它不是"预成"的，而是"生成"的，人就是一种"可能性"存在；在人的自我中将要出现的东西不是预先确定的，而是不确定的，充满各种可能性。对费希特来说，人的存在先于本质，人是一种能够自我规定的存在；能够自己规定自己的东

[①] [美] 帕特里夏·奥坦伯德·约翰逊：《海德格尔》，张祥龙、林丹、朱刚译，中华书局2014年版，第39页。

[②] [德] 恩斯特·卡西尔：《人论》，甘阳译，西苑出版社2004年版，第81页。

西,"在它有种种属性和自然本性之前,必定在某个方面是存在的"①。费希特反对从自然本性出发来理解人,认为从自然本性出发来理解人,必然得出宿命论,也就是必然性思想,这种思想否定人有选择自由和可能性。卢梭则认为,对人来说,有意义的词是"自由",而不是"必然","要设想某种行为,某种结果,不是由能动的本原产生的,那等于是在设想没有原因的结果,等于是在恶性循环中打圈子。无论是根本没有原动力的存在,或是一切原动力都没有任何的前因,总之,凡是真正的意志便不能不具有自由"②。

人对现实的不满以及对可能性的谋划和追求,势必引发现实与理想、实然与应然之间的矛盾。理想源于人们对现实的不满,对现实的不满使人的现实生存因此而成为问题。这就使人经常发出这样的疑问:人生的意义何在?我从哪里来,又要到哪里去?这些发生在人身上的困惑和疑问是不会发生在动物身上的,动物不会对自己生存处境感到不满和焦虑,因为动物按照本能生存,被动地按照自然安排的轨迹活动。只有人发现自己的生存是一个问题,并促使人从应然的理想高度来审视和评判经验现实:现实存在本身并不就是其合理性的证明,任何事物不能因为它"是"就是正确的,就是值得追求的;不可能的事并不意味着就是不值得追求的,今天的乌托邦可能就是明天的现实。说存在就是合理的,这是一种对现实的非批判态度,这种态度存在于把谓词当作主词的黑格尔唯心主义哲学中。这种哲学打着"人不能超出他的时代"的旗号一味地去解释现实。密纳发的猫头鹰就是黄昏后才起飞的,这是一个对事实的描述,不是所谓的静默主义。人们只有对清晨起飞的猫头鹰——引领和超越时代——才会感到惊奇,没有惊异,哪来的哲学?哲学存在的意义又何在?在黑格尔那里,现实发生了,轮到哲学这只猫头

---

① [德]费希特:《伦理学体系》,梁志学、李理译,商务印书馆2010年版,第37页。
② [法]卢梭:《爱弥儿》下卷,李平沤译,商务印书馆1978年版,第401页。

鹰去观察和描述了。它不进行批判性沉思,仅限于探讨"是什么",而不关心"应是什么"。这种哲学上的实证主义态度使人只关注当下,而不关心未来,使人只注重实际,而不追求意义。实证主义是一种无法坚持下去的玩世不恭态度:"在一种安稳的、渗透着物质主义的文化中,很容易传授和传播实证主义。实证主义是地位稳固、有经济保障、没有政治危险的统治阶级(beati possidentes)的典型副产品。但人总是难以抑制其对正义的渴望,人不可能长期满足于上述态度。这种对正义的渴望和追求与人们对真理的不懈追求一样紧迫。自然法的观念可以比作一颗种子,它被埋在雪下,而一旦严酷而贫瘠的实证主义冬天变成经久不衰之形而上学的春天,它就会发芽。"[1]

人对可能性的追求使其以应然的理想反观和批判实然的现实,这已经成为人的一种存在方式。实然是事物的实际存在状态,事物实际存在状态,既可能是表现和实现事物本质的存在状态,也可能是掩盖和歪曲事物本质的存在状态。让·雅克·卢梭说:"人生而自由,但却无往不在枷锁之中。"按这句话来说,自由是人的本质,而人的存在的"真实"情况却是不自由的,例如前资本主义社会人依附于人,人支配人;资本主义社会虽然使人获得人身自由,却使人陷入对于物的依赖,导致人的异化,即非人的存在。这说明人的现实存在并没有体现人的本质,人身自由只是表面现象。如果人们相信资产阶级启蒙思想家宣扬人生而自由平等,资本主义制度建立起维护人们平等的法治,人就自由平等了,这就太天真了;事实是"形式"平等掩盖了"事实"上的不平等,自由平等流于形式。

"是什么"的实然属于客观的事实判断,而"应是什么"的应然属于主观的价值判断,前者涉及"是与不是"的问题,这个问

---

[1] [德]海因里希·罗门:《自然法的观念史和哲学》,姚中秋译,上海三联书店2007年版,第121页。

题可以用归纳法来回答；后者涉及"应该与不应该"的问题，这个问题不能用归纳法从实然事实中得到证明。例如"人生而自由平等"就是一个应然的价值判断，它的潜台词是：我们应当这样对待人，就好像他们生来就是自由平等的。但事实是人生来是不平等的，有的人生来聪慧，而有的人生来愚钝；有的人生来有着强壮的体魄，而有的人生来体质羸弱；有的人生来家境富裕殷实，而有的人生来家境贫寒。《平等与效率》的作者阿瑟·奥肯说：人在怀胎的起跑线上就不平等了。因此这一主张不是从实然现实中归纳出来的，它不能从现实中得到证明，应然的价值诉求与实然现实之间虽然不是因果关系，但是应然的价值判断却是由不平等的社会现实引发出来的质疑和思考的结果，"我们都是同样的男男女女，为什么有的人不经过我们的同意和许可就成为统治社会的君主？"当这种质疑和思考上升到形而上的逻辑高度并成为促使人们改变现实的冲动，应然的价值判断就产生了。应然的价值判断来源于现实，但是它却超越于现实，"这种理念不会再像古战场上的沃丁神手下的女神（北欧神话中，决定谁该阵亡，并把阵亡的英雄引入英烈祠的女神）那样，为了利益斗争在云端战斗，它宁愿像荷马史诗中的诸神一样，从战场上升起来战斗，来显示自己的威力，并同其他力量并肩而存"①。在云端战斗不是来源于对现实的关注，这变成了脱离现实的理想主义；从战场上升起来战斗，既来源于现实又超越于现实，现实与理想得以统一，人们从对现实的不满中产生理想，而只有来源于现实的理想才能改进现实，为现实发展指引方向。

在马克思那里，事物当下的存在只是其暂时性状态，不完满状态，处处显示出存在的"不合理性"。哲学不应像黑格尔那样对现实感到乐观并与现实相调和，一味地去解释现实；哲学应当向存在

---

① ［德］G. 拉德布鲁赫：《法哲学》，王朴译，法律出版社 2005 年版，第 9—10 页。

的"大理石"宣战，以"应该"的名义讥讽现实、改变现实，通过批判和揭露现实的"真实性"（人的被异化）来发展出真实的"现实"（人的自由而全面的发展）。应然诉求反映了人改善和变革现实世界的愿望和要求，它是人们努力趋向的某种价值目标。

二 反思及其符号化开启了可能性之门

理性使人抛弃确定性，追求可能性。人的生活的未来指向反映了人对现实的不满，正如鲍桑葵所说，"我们的实际存在本身并不能使我们满足"[①]。这种不满是不能用人（性）的贪婪来解释的，贪婪的人希望占有的更多，他对现实的态度是非批判性的；对自身缺乏反思，因此他不能实现对自身的超越，从而为自己敞开可能性之门。艾里希·弗洛姆认为贪婪的人是缺乏自我观念的人，这种人只会一味地迎合现实。那么这种不满来自哪里呢？不满不等于贪婪，应然意义上的不满不是为了从现实索取更多，占有更多，而是为了超越现实，因此它对现实是批判性的，这种批判性态度符合理性的"否定性"特征。人是理性动物，卡尔·雅斯贝斯认为，理性使人不安分，"它总是引起骚动"。理性不同于理智，理智倾向于守成，"总想保持不变"，而理性则倾向于运动和变化，它抛弃确定性，追求可能性。理性"是彻底摆脱一切已经有限和确定从而固定了的东西的可能性。因此，理性鼓舞了理智的否定力量，使之能够无视一切。"[②] 理性既是一种建设性力量，也是一种破坏性力量，在任何破坏秩序的行动中都有理性的身影。哈耶克把这种具有"破坏"和"建构"功能的理性称为建构论理性主义，这种理性倾向于从头开始工作，按照理想蓝图来建构社会。理性赋予了人

[①] [英] 鲍桑葵：《个体的价值与命运》，李超英、朱锐译，商务印书馆2012年版，第65页。

[②] [德] 卡尔·雅斯贝斯：《生存哲学》，王玖兴译，上海译文出版社2013年版，第53页。

"无穷的伟力",并使人变得乐观自信。理性使人确立自我,"并把这种自我投身到他试图征服的自然之中。凭借心灵的洞察力,他坚信自己必定取得最后胜利"①。

理性的否定性及其对可能性的追求源于理性思维的反思功能及其符号化形式,没有反思就不会产生应然要求,思维离开了符号系统就找不到通向理想世界的道路。

没有反思就没有应当。理性的表现形式是思想,而反思是思想的功能。所谓反思就是人对自己走过的路和做过的事的反观和自省,或者说是人对自己在实践活动中所形成的认识和接受的见解的再思考,反思因此而被安东尼·吉登斯看作是对人的行为及其情境的监测。

思源于疑,反思使原来不证自明和习以为常的事物成了问题,可以说反思使世界失去了确定性。前现代社会之所以稳定,缺乏变化,是因为个人被这种封闭的社会所同化,人们按照惯常的思维做事,依照惯常的角色行事。黑格尔认为这种社会使人缺乏反思意识,当人不能把自己从他所扮演的社会角色中分离出来,他是不可能提出诸如"我应当做什么?我应当如何生活?"的问题。苏格拉底被判有罪并饮毒酒自尽,是因为他使雅典的年轻人变得不安分、不敬神,使社会秩序失去确定性。苏格拉底鼓励人们要不断地去探索、去追问,要认识到自己的无知,认识到自己的无知是智慧的开始,是摆脱迷信和黑暗的开始。无论是在菜市场,还是在讲堂上,苏格拉底经常告诫人们:"不经反思的生活是不值得过的。"不经反思的生活是缺乏自我意识的生活,人们从来不问"自己"过的如何,以及应该如何更好地生活,而是生活在"他人"的意见中,按照别人的意愿来生活。反思促进了自我意识的觉醒,反思是最具有个性的行为,因为它需要把人从其生活背景中抽取出来,把自我

---

① [英]鲍桑葵:《个体的价值与命运》,李超英、朱锐译,商务印书馆2012年版,第234页。

当作对象来思之。反思使人形成自我观念,"只要人进行反思,从而成为意识主体——按照以上所述,他必然对自然冲动进行反思——他就会成为自我,并在他之内表现为一种理性趋势,即绝对依靠自己,把自己规定为意识主体,规定为最高意义上的理智力量"①。笛卡尔的"自我"的出现始于怀疑,始于对真理的外在权威保证的怀疑,在怀疑和反抗中使人体验到作为"我"的自己。自我意识的觉醒使人们不再盲从,而是对自己的生活有了更多的独立思考和觉知,"一个从未问过自己人生过得如何、该如何更好地生活的人,会显得尤其缺乏自我意识。很有可能,这个人的生活在许多方面实际没有看上去那么好。他没有自问过生命中各种境况的好坏,这本身就说明生活本可以过得更好一些。如果你的生活过得特别美好,其中一个原因大概是,你时常思考生活是不是需要有所改变,或者作一些大的调整"②。

现代性反思不同于传统社会,现代性反思是指向未来的,求新求异是它的鲜明特征。在现代性的思维中,不存在永恒和神圣的东西,追求永恒就是留恋过去,是不思进取的表现。没有什么东西是确定不移的,旧事物不断地消亡,新事物不断地涌现,正如马克思所说:"一切固定的僵化的关系以及与之相适应的素被尊崇的观念和见解都被消除了,一切新形成的关系等不到固定下来就陈旧了。"③ 在现代性思维中,"新的"被等同于"好的"。安东尼·吉登斯认为,正是反思使现代性思维割断了与过去的联系,沉醉于对新颖性的追求。对新事物的欲求,"不是为新事物而接受新事物,而是对整个反思性的认定,这当然也包括对反思性自身的反思"④。

---

① [德] 费希特:《伦理学体系》,梁志学、李理译,商务印书馆2010年版,第134页。
② [英] 特里·伊格尔顿:《人生的意义》,朱新伟译,译林出版社2012年版,第18页。
③ 《马克思恩格斯选集》第1卷,人民出版社1995年版,第275页。
④ [英] 安东尼·吉登斯:《现代性的后果》,田禾译,译林出版社2011年版,第34页。

未来指向的现代性是在人们反思性地运用知识的过程中建构起来的，但是在现代性条件下的知识已经不再是原来意义上的知识了。在"原来"的意义上，"知道"就是能确定，知道就能确认的知识是非反思性的，它经不住理性法庭上良心的拷问，良心反对由他人的判断得出的确实性，这种非反思性的确认是人缺乏自我意识的"自满"和"盲从"的表现。在黑格尔看来，这种情况的出现是因为个人被社会习俗所同化，人们只知道按照他的惯常角色行事，没有意识到他作为一个人的地位与他所扮演的社会角色的不同。在黑格尔那里，意识到自己作为一个人的地位与自己所扮演的社会角色的不同，是产生自我意识的条件。"没有自我的自我意识，就不可能有自我的任何存在。"自我的形成过程就是冲破习俗偏见，不断地进行反思和批判的过程。笛卡尔通过普遍怀疑，把自我之外的一切事物都置于不确定和虚化的状态，从而突出自我的真实性和确定性，只有"我在怀疑"这一点是确定无疑的："你可以怀疑所有的事物，但是你不能怀疑你自己的存在。"突出自我的过程就是使自我走出习俗偏见的过程，就是把自我从"伪自我"中解放出来的过程。所谓"伪自我"就是人们以为的"自我"实际上是被社会习俗偏见所同化的自我，人们自以为是按照自己的意志在思考和做事，实际上是在遵循着成见的指导。"现代人生活在幻觉中，他自以为知道自己想要的东西是什么，而实际上他想要的只不过是别人期望他要的东西"。我们往往并不知道自己真正需要什么，而是"把追求时尚视为自己真正的目标"[①]，也就是说我们的需要是被社会创造出来的。摆脱了习俗偏见的束缚，消除了伪自我的干扰，思想才能获得独立性，笛卡尔式的怀疑不是为了导出唯我主义，而是为了捍卫思想的独立性。

人的反思的思想依赖于人的符号系统，而思想的符号化开启了

---

① ［美］艾里希·弗洛姆：《逃避自由》，刘林海译，上海译文出版社2015年版，第169页。

可能性之门。德国哲学家恩斯特·卡西尔把人看作"符号化的动物",并认为人的思维和行为的符号化是人类生活最富有代表性的特征,人的这种特有的符号系统使现实与理想、现实与可能、实然与应然之间的区别成为可能。卡希尔说,与其把人视为理性动物,不如把人看作符号动物。实际上,把人看作符号动物,与把人看作理性动物没有什么不同,无非是说人具有抽象思维能力,人能够在思维中把握自己的存在,建构自己的未来。

卡西尔认为,作为有机生命体普遍都具有两个系统,即接受外部刺激的感受系统和对外部刺激做出反应的效应系统,而唯独人多出第三个系统,即符号系统,正是这个符号系统使人超出物理世界,走进意义世界。"这个新的获得物改变了整个的人类生活。与其他动物相比,人不仅生活在更为宽广的实在之中,而且可以说,他还生活在新的实在之维中。"这个新的实在之维就是符号的世界、意义的世界。人具有符号系统,而动物拥有的是信号系统,二者的区别是:符号是意义世界的一部分,信号是物理的存在世界的一部分。"信号是操作者",动物对发出的信号做出被动的反应,比如响铃成为午餐的信号。一匹马虽然能够解答算数问题,但这不是它思考的结果,而是对它的主人的"有意的动作"做出的机械反应,是对它的主人发出的特定信号做出的回应,这只不过是条件反射。

动物对外界刺激做出的反应是迅速而直接的,因为动物根本不"思考"什么,而只是"认定"什么。而人对外界刺激往往是延缓的,因为它被思想的缓慢复杂过程打断和延缓。卡西尔认为之所以会出现这种现象,以至于赞扬野蛮人的卢梭说沉思默想的人是堕落的动物,原因就是在人的感受系统和反应系统之间存在着另一个系统,即符号系统,从而使人不再直接面对和直观实在。人与外界实在之间隔着一层网,人被包围在符号之网中,这个符号之网由语言、艺术、神话和宗教等丝线织成,人对外部世界的认识必须以这些符号系统为中介,符号系统充当了人与外部实在之间的媒介物。

卡西尔认为，人的符号活动能力进展多少，物理实在相应地就退却多少，人不再生活在一个单纯的物理世界中，而是生活在一个符号的世界中。符号的世界实际上就是人所创造的文化的世界，文化以符号的形式记录和表达了人对世界的认识和理解、反思和感悟，它给人以精神的寄托和思想的启迪，文化满足人的精神需求，使人的生活充满意义。在物理世界中，动物被限定在直接的生物需要范围之内，按照马克思的话说，就是动物的活动只是在直接的肉体需要的支配下进行的，它只生产自己，因此，动物只是存在着，它对自己的存在没有意识。动物只是纯粹地存在着，它不需要拥有对存在的知识，而人则不行。我们与之打交道的世界是被"人化"的世界，是被我们的意见和想法改造过的世界。我们在把风车看作是魔鬼的堂吉诃德身上都能找到自己的身影。在符号的世界中，人"不是根据他的直接需要和意愿而生活，而是生活在想象的激情之中，生活在希望与恐惧、幻想与醒悟、空想与梦境之中。正如埃皮克蒂塔所说的：'使人扰乱和惊骇的，不是物，而是人对物的意见和幻想。'"① 最直接的需要就是肉体的需要，马克思认为，真正人的活动是不受肉体需要影响的，也就是真正的人的活动不依赖于直接的物质自然，人能够把"内在的尺度"运用于对象，能够按照"美的规律"来构造。"人再生产整个自然界"，人所面对的已经不是天然的自然，而是人化的自然，符号化的自然。人活着是为了生活。在马克思那里，生活就是人的"生命活动"，而人的生命活动的本质就是创造；在创造中，人有着一颗普罗米修斯的跳动的心脏和浪漫的情怀。

人的反思活动离不开作为抽象符号的语言的运用。卡西尔认为，信号是具体的、确定的，而符号则是抽象的，它具有普遍适用性和多变性，"我们可以用不同的语言表达同样的意思，甚至在一

---

① ［德］卡西尔：《人论》，甘阳译，西苑出版社2004年版，第39页。

门语言的范围内,某种思想或观念也可以用完全不同的词来表达。一个信号或暗号总是以一种确定而唯一的方式与它所指称的事物相联系的。任何具体的个别的信号都是指称一个确定的个别事物的"[1]。为了说明符号的抽象性,卡西尔举了下面这个例子:德鲁小姐出嫁后变成了莫顿夫人,虽然称呼变了,但是指的还是同一个人。德鲁小姐曾作为劳拉·布里奇曼的教师,现在她不是劳拉的教师了,而是邀请劳拉参加婚礼的莫顿夫人了,二者之间的关系发生变化。劳拉对德鲁小姐的新的称谓"不是指一个新的个人,而是指称在一个新的关系中的同一个人",这说明语言赋予了人"分离各种关系的能力——即在抽象意义上考虑这些关系的能力",这种抽象的能力使人的反思活动得以进行。在赫尔德看来,反思就是"分离"与"注视",注视是从感官洪流中分离出来的一股波浪,并意识到这种注视。反思就是"醒悟"与"抽象",从意象梦境中醒悟,通过冷静的观察,抽象出能够向他指名对象是这个而不是另一个的特征。反思就是"察觉"与"认识",通过察觉所有的性质,能够清楚地认识这些性质中哪些是与众不同的。人的这种清醒的认识必须通过抽象才能发生,这种抽象就是人的"灵魂的语言"。如果丧失这种抽象能力,人就会像动物那样纠缠于直接的事实和具体的情景,人就会像柏拉图著名的洞穴比喻中的地平线以下洞穴中的囚徒,找不到通向理想世界的道路。从洞穴世界走向光明世界,就是从物理世界走向符号世界、文化世界、意义世界。物理世界与符号世界的区分就是事实与意义、现实与可能的区分,实然与应然问题的产生就在于这种区分。

三 对超越人的有限性的渴望

人的存在是有限的。人的生命是有限的,存在主义哲学把作为

---

[1] [德]卡西尔:《人论》,甘阳译,西苑出版社2004年版,第56页。

存在者的人的存在——缘在——理解为时间性,"缘在的根本的时间性向我们显示了我们的有限性"①。人是一种"向死的存在",艾里希·弗洛姆认为,就人终有一死而言,人的存在是失败的。生死对人来说是一个沉重的终极话题,是宗教和哲学的终极追问,哲学追问揭示了生命"根本性不宁"。人的能力也是有限的,德国古典哲学家费希特认为,说我是有限的,意味着我不能在虚无中进行创造,我必须拥有我从事活动的质料。当人意识到这种有限性并对这种有限性感到困惑、焦虑和不安的时候,就有了对意义的追问,对完满的追求,对无限的渴望。

对有限性的认识和反思是人类困惑和焦虑的根源,也是人类希望的根源。《人生的意义》的作者特里·伊格尔顿写道:人类"把自身的处境当作一个问题、一种困惑、一个焦虑之源、一片希望之地,或者是负担、礼物、恐惧或荒诞。这部分地是因为人类意识到他们的存在是有限的,而疣猪想来并不知道自己的有限性。人类也许是唯一一种永远生活在死亡阴影下的动物"。困惑,是因为人既然终有一死,那么人活着的意义何在?人拼搏奋斗的意义何在?希望,是因为人因此有了超越自身有限性,追求无限性的动力。正如费希特所说,人的应然诉求包括对单纯应当存在的目标的追求,这是一个给人设定的一个无限的目标,即使它绝对不能完全实现。

动物之所以不知道自己的有限性,是因为动物没有对自己的意识,不能把自己的生命活动当作意识的对象,它没有关于自己存在的知识,动物只是依靠本能被动地适应环境。"鸽子会饿死在一盘美味的肉旁边,而猫也会饿死在一堆水果谷物面前,尽管只要它们想到要尝试一下,也许就会在这些它们不屑一顾的食物中获得营养。"②而人的生命活动是有意识的,人能够把自己的生命活动当

---

① [美]帕特里夏·奥坦伯德·约翰逊:《海德格尔》,张祥龙、林丹、朱刚译,中华书局2014年版,第38页。
② [法]卢梭:《论人类不平等的起源》,高修娟译,上海三联书店2009年版,第28页。

作意识的对象，并对自身的处境进行反思。动物按照自然设定的轨迹生存，并不会感到不自由，只有人会感到不自由，人能意识到自身与存在之间的矛盾，正如卢梭所说："人是生而自由的，但却无往不在枷锁之中。"前句话是应然判断，后句话是实然判断，以应当的名义反思和讥讽现实是有意识的人的一种存在方式。有意识的存在是一种自由的存在，它能选择自己的生存方式，因此异化这种不自由状态只会发生在有意识的人身上，而不会出现在动物身上。正如凯蒂·索珀所说，"异化被认为是只有有意识的人才会遭遇的一种不自由。……没有任何动物会被异化——因为没有任何动物能理性地选择自己的生存方式"[①]。

最早把人的有限性上升到哲学高度来认识的是古希腊爱菲斯学派的赫拉克利特，赫拉克利特认为世间没有恒常的存在，"万物皆流"，一切都在变化，都在不断地生成和消亡，这意味着"无论何处都逃脱不了死亡和变化"。柏拉图为此而备受折磨和煎熬，并试图寻找一个永恒的避难所，"以逃避时间的不安全和蹂躏"，理念说由此而诞生。理念从逻辑上来说，就是一类事物所具有的共同的一般的性质，它是从具体事物中所抽象出来的一般性的东西。比如一只黑色的猫被称为猫，是因为它分享了一切猫所共有的猫性，"这种猫性既不随个体的猫出生而出生，而当个体的猫死去的时候，它也并不随之而死去。事实上，它在空间和时间中是没有定位的，它是永恒的"。从形而上层面来看，一般性的理念是具体事物应当模仿的理想模型，"'猫'这个字就意味着某个理想的猫，即被神所制造出来的唯一的'猫'"[②]。具体的特殊的事物是"现象"，是不真实的存在，只有作为一般性的理念是"实在"的。当柏拉图把理念当作一种信仰，从而把自己从死亡和时间中拯救出

---

① [美]凯蒂·索珀：《人道主义与反人道主义》，廖申白、杨清荣译，华夏出版社1999年版，第37页。
② [英]罗素：《西方哲学史》上卷，何兆武、李约瑟译，商务印书馆1963年版，第163页。

来，理念就带有了宗教色彩；在此意义上，理念的出现就是一种宗教冲动，而不是科学的规划。到了中世纪，经过奥古斯丁的改造，柏拉图的永恒理念变成了"全能的造物主"——上帝。中世纪的基督教利用"原罪"来界定和说明人的有限性，认为人依靠自己的努力无法消除原罪，实现自我完善，因而只能仰望上帝的拯救，"人只有贬抑自己，只有摧毁个人的意志及骄傲，上帝的恩典才会降临到他身上"①。人对有限性的超越不是依靠自我，而是寄希望于异己的先验力量，这说明人的主体性意识还没有形成。

近代以来，随着人的主体性的觉醒，对人的有限性的认识发生了转变。宗教改革削弱了教会的权威，因为按照新的教义，个人可以直面上帝，这就把个人的良心从教会的控制下解放出来，并激发了把个人看作是自身命运主人的观念，它直接认可了所有领域中世俗活动的自主性。人的主体性的觉醒在哲学上的表征，就是笛卡尔塑造了一种转向精神主体的哲学。在笛卡尔看来，在认识真理的道路上我们要摆脱各种成见的干扰，因此我们要敢于怀疑一切，把在思维中的自我作为思维的出发点，而不是什么外在的东西，给予的东西，某一个权威。处于怀疑中的自我不是确定的自我，打破怀疑论的途径就是向不容置疑的自我的回归。所谓"我思故我在"，即不要盲目地服从权威，要相信自己的判断能力，因为人同样都具有正确做出判断的能力，为自己思考的能力。"我思故我在"的引申含义就是人要做自己命运的主人，要有勇气运用自己的判断。启蒙运动继承了笛卡尔在怀疑中实现自我确认的思想，启蒙的目的就是把人从蒙昧状态中解放出来，使人学会自主地运用自己的理性。随着人的主体性的觉醒，拯救的希望从天国回到了人间，从上帝回到人自身。费希特同笛卡尔一样，也把绝对确定的我作为出发点，并提出自我规定自我的命题。在费希特那里，追求独立的自我是自我

---

① ［美］艾里希·弗洛姆：《逃避自由》，刘林海译，上海译文出版社2015年版，第50页。

的终极目标；规定自我的自我是从反思中产生的，没有对自我的自我意识，人是不可能产生自我观念的。马克思通过对宗教的批判得出"人是人的最高本质"的结论，人的根本就是人本身，我们必须从人的高度来看待人。摆脱了幻想，人开始"作为具有理性的人来思想，来行动"，成为围绕着自身和自己现实的太阳旋转的人。存在主义哲学家萨特反对用本质论来框定人，人没有预先规定的本质，人本身仅仅是存在着，人有能力自己选择他要成为什么，人自己造就了他自己。这既是对上帝造人说以及18世纪关于人拥有固定本质的哲学观点的反击，也是对费希特自我规定自我思想的回应。

回归自身后，人是依靠什么来实现自我超越的呢？经过启蒙思想洗礼的人们对自身有限性的超越并不是来自教会圣礼的帮助和上帝的恩赐，而是来自人的理性，人的理性使人产生了自我完善的冲动。鲍桑葵认为，正是这种自我完善的冲动赋予有限的自我以无限性，尽管人们还意识不到这种无限性；可以说，理性使人成为"无限的有限存在者"。启蒙思想崇尚人类理性，向往一个只知理性，而不知谁是主人的自由时代。随着理性的进步，人类推动文明进步的能力不断提高，这就使人对理性的信心代替了对上帝的信仰："启蒙主义的最基本的观点认为，邪恶和不幸不是人的内在弱点造成的，而是由于无知、偏见和贫困造成的，因此启蒙主义产生了乐观主义，即认为人类的问题可以通过理智、良好的教育和日益增长的物质的繁荣来解决。"[①] 对理性无限性的信仰，在17世纪法国思想家帕斯卡尔那里表现得最为彻底。帕斯卡尔认为，人的理性克服了人的生物学上的弱点，使人获得尊严；人的理性是无限的，可以理解整个宇宙。这意味着人不必哀叹人生苦短，并因此而缩小自己的视界于当下的生活。帕斯卡尔写道："人只不过是大自然中

[①] [美] 理查德·布隆克：《质疑自由市场经济》，林季红译，江苏人民出版社2000年版，第2页。

的一个渺小的种类,生命是那么脆弱,空气和水都足以置人于死地。但人是一种能思想的动物,即使毁灭了,也仍然比置他于死地的事物高贵得多。"①

前现代社会对人的有限性的超越是在形而上的层面,现实批判的应然价值标准不是来自经验的现实世界,而是来自先验的超越世界,即彼岸世界;这个世界是无法用经验来证实的,它是靠带有宗教色彩的信仰来维系的,用费希特的话来说,这种信仰就是"以愿为真",它的"真"不是靠经验证据来支撑的。卡尔·波普尔认为科学在于它的可证伪性,而既不能证实也不能证伪的是"宗教";帕斯卡尔说出了宗教不能去证实的原因:为宗教提供证据只能使人们更加蔑视宗教。凡是需要靠证据来证明的东西,就是有条件的存在,它是非绝对性的东西,它的权威性就动摇了。怀疑才需要澄清,澄清就需要证明,自明性消失了。在传统社会,权威与论证之间存在着深刻的矛盾。既然存在于超越世界的应然标准是无法证明的,那么它就不是一个知识论问题,而是一个信仰问题。

中世纪被称为黑暗的世纪,理性被取缔,科学变成宗教的奴仆。启蒙运动点亮了理性的光明,揭开了笼罩在世俗社会的由信仰和幻想编织而成的纱幕;理性祛除了神魅,知识取代了幻想。培根宣告了科学时代的到来:"知识就是力量"。知识的真正目的并不在于"说理"和"论证",而是通过实践更好地服务于人类,造福于人们的生活。可以说,培根是把科学"技术化"和"实用化"的思想先驱,在培根看来,只有科学知识被技术化和实用化,才能发挥出它的力量和现实效用。在现代世俗社会,人对有限性的不断超越所依赖的不再是作为终极关怀的精神力量——信仰,而是(物质)力量,这种力量是科学技术所赋予的,它表现在人对自然的征服和改变上;自然对人不再神秘,人在自然面前也不再谦卑。

---

① [法]帕斯卡尔:《思想录》,张志强、李德谋译,陕西师范大学出版社2009年版,第74—75页。

"我们把现代从中世纪的涌现归因于一种能动有力的意志的诞生；这种意志要征服自然改变生活条件，而不像中世纪人那样一边等待着被送到来世，一边消极地忍受种种生活条件。我们一再庆幸我们自己有了这一切。"① 在尼采看来，人要展示自己的力量，就要摒弃自己的谦卑心和仁慈心，谦卑心和仁慈心是奴隶道德，它阻碍人的生命意志的发挥，人的强力意志的回归必然伴随着宗教信仰的瓦解。

在科学时代，人的有限性被还原为人的力量的有限性，超越人的有限性就是突破力量的界限和道德的禁忌。尼采说"上帝死了"，这意味着来自中世纪的那种使人虚弱化的道德禁忌被打破了，"一切都被允许了"。人没有本性，只有可能，"种瓜得瓜，种豆得豆"的宿命论对人是不成立的，对人来说，"一切皆有可能"。费希特认为，有自然本性的东西是不能自己规定自己的，从自然本性出发来理解物，必然得出预先决定论，也就是"必然性思想"，这种思想否定自由。"一个物之所以不能被设想为自己规定自己的，是因为它在有它的自然本性，即它的规定性的范围以前，是不存在的。反之，像我们刚才所说的，要自己规定自己的东西则在它存在以前，在它有种种属性和自然本性以前，必然会在某个方面是存在的。"② 这意味着只有从存在先于本质出发，才能理解人的自由和可能性，费希特以清晰的哲学语言阐述了存在主义哲学的思想要旨。人对应然诉求的需要给人开启了一扇可能性大门。

与形而上的玄想不同，科学认识来源于事实，它是建立在对经验事实的观察和分析基础上的。科学认识的可靠性是由实践来反复验证的，从证实到证伪再到证实的过程，就是科学知识不断形成、发展和变革的过程，这一过程充分体现了人类实践活动的能动性。

---

① [美] 威廉·巴雷特：《非理性的人》，段德智译，上海译文出版社 2012 年版，第 266 页。

② [德] 费希特：《伦理学体系》，梁志学、李理译，商务印书馆 2010 年版，第 37 页。

在此意义上，科学时代的应然与实然并不是二元对立的，应然价值判断来源于现实，或者说是由现实所引发的；科学认识不但包括对世界的解释，也包括对世界的预言；科学理论不但包括对世界的认识，也包括对世界的改造，改造世界的科学理论包含了对世界理想图景的展望，例如马克思的科学社会主义理论。马克思是在批判旧世界中发现新世界的，或者说是"在事物实际的不合理性中，把握'应该'这种合理性"。马克思指出：理论应当满足现实的需要，但是现实也应当趋向思想，趋向思想的现实包含了人类对美好社会的应然诉求。科学理论来源于现实，但真正的科学理论并不是对经验事实苦行僧般的带有幻灭感的追寻。经验并不排斥超验，实际的斗争包含了可以与理性社会生活概念相联系的超验内容。应然是从实然引申出来的，理想是从现实派生出来的。马克思写道："可以把任何一种形式的理论意识和实践意识作为出发点，并且从现存的现实特有的形式中引申出作为它的应有和它的最终目的的真正现实"[①]。

[①] [加]安德鲁·芬伯格（Andrew Feenberg）：《实践哲学——马克思、卢卡奇和法兰克福学派》，王彦丽、葛勇义译，江苏人民出版社 2022 年版，第 23 页。

第二章

文明批判的应然维度：过去、现在与未来

　　人类文明是人类通过自己的实践活动创造出来的，人类按照自己的需要和理解来从事文明创造的实践活动。强调人类在文明活动中的能动性，并不是否认文明发展的规律性，但是谈到规律并不意味着文明是按照既有的路线和理想的蓝图不断地展开；就像有一个造物主在操纵一切，我们每个人都按照早已编排好的剧本出演着剧中的角色，等待着结局的降临。既没有这样的造物主，也无人事先编写剧本。文明的发展充斥着秩序与混乱，掺杂着温情与希望、冷漠与残酷，它并不是按照人们的意愿在行进。在一次次的试错中，在一回回的拼搏奋斗中，人们不断地对自己曾经走过的、正在经历的以及试图去实现的进行反思和批判，这种反思和批判指向人们曾经视为理想的、正在视为理想的以及将要视为理想的东西。曾经视为理想的是一种指向过去的怀旧情绪，它的表达方式是崇古贬今和反对理性进步的浪漫主义。正在视为理想的是一种不对现实好坏做出判断的玩世不恭的态度。将要视为理想的是一种指向未来的进步态度，没有最好，只有更好，现实包含着可能性，理想就是现实包含的可能性还没有成熟的不完善状态，它既反对人们崇拜过去所谓的"黄金时代"，也反对人们对现实采取非批判态度。从现实开始工作，我们努力的方向是去超越现实。

一　过去维度：从对过去的关系中寻找现在的意义

向后看的过去维度无非是认为今不如昔，文明不是进步的，而是退步的。我们应当追求的文明形式既不在当下，也不在未来，它曾存在于过去的时光中。我们只能在关于记载和歌颂祖先的英雄事迹的历史典籍中，以及像卢梭这样的颂扬野蛮人和对自然状态的怀想的思想家的著作中找到踪迹。向后看不一定意味着"反动"，更何况我们不能简单地把变化等同于进步，新出现的东西不一定就是好的，也可能是改头换面的糟粕，抑或是昙花一现试错的产物。向后看可能说明了随着时间的流逝和时代的变迁，我们所处的时代缺失了某些弥足珍贵的东西，从而引发人们对过去的怀念。时不时回过头来检视一下自己曾经走过的路，这对于更好地走向未来是有益的。但是一味地肯定和颂扬传统，否定进步和新事物，也不利于人类开拓未来，我们要反对食古不化和盲目的祖先崇拜。

我们可以分两种情况来说明向后看的过去维度：一种是把人类曾经经历过的某个文明阶段当作理想的典范；另一种是否定整个人类文明，把人类进入文明之前的状态当作理想的状态。

第一种情况是把人类曾经经历过的某个文明阶段当作理想的典范。这种朝后看的思想倾向往往被视为反动，即逆历史发展潮流而动。例如老子把封闭的小国寡民的社会当作理想社会，在老子那里，"老死不相往来"的社会是一个封闭的小农社会。如果说欲望是由于频繁的人际交往所形成的自尊心的结果，那么"老死不相往来"的社会就是一个低欲望的社会。柏拉图的理想国的原型是斯巴达，柏拉图的"理想国是一成不变的社会，是僵化、厌恶创新的遗老世界。它只有科学，没有艺术；只有秩序，没有自由。它名义上崇尚美，却要放逐创造美的艺术家。这并不是真的理想国，而是斯巴达或普鲁士"①。到了近代,朝后看的思想被冠以保守主义之名,例如英国的埃德蒙·柏克谴责与历史传统决裂的法国大革命,赞扬重新发现古代制度之原则的英国保守主义革命,英国光荣革命被柏克看作一场回归《大宪章》传统和祖先遗愿的革命。《大宪章》是1215年6月15日金雀花王朝国王约翰王在大封建领主、教士、骑士和城市市民的联合压力下签署的宪法性文件,《大宪章》确立了王在法下和私有财产不可随意侵犯的原则。柏克反对剧烈的社会变革,斥责那些不尊重传统,为了未来而从头开始的雅各宾派哲学家是极端的形而上学家,是铁石心肠的人,他们为了所谓的理想蓝图而牺牲一代人。柏克说这些人被雄心所毒害,"它离邪恶神灵的冷酷性,比离人的脆弱和热情更近"。他们"在实验中对人的考虑,丝毫不比对在真空筒或毒气罐中的老鼠考虑的多"。意大利的梅斯特尔谴责法国大革命的主权在民思想,极力维护国王的天赋权力和宪法的神圣来源。梅斯特尔同柏拉图一样,反对公众参与的民主制度,认为贵族统治是永恒的自然法则。在梅斯特尔看来,"每一种制度都是神圣的产物,国王的特别权力是上帝赋予的,因为人的本性是邪恶的,必须由一个君主权力来统治。政府形式是与来自于上帝的主权完全不同的东西。法国把路易十六判处死刑,是犯了反对这一主权的全国性罪行。因此它迟早要付出代价"②。

安东尼·吉登斯认为,崇古贬今是前现代文明思想的特点。"在前现代文明中,反思在很大程度上仍然被限制在重新解释和阐明传统,以至于在时间领域中,'过去'的方面比'未来'更为重

---

① [美]维尔·杜兰特:《哲学的故事》,肖遥译,中国妇女出版社2004年版,第39页。
② [意]萨尔沃·马斯泰罗内:《欧洲政治思想史——从十五世纪到二十世纪》,黄华光译,社会科学文献出版社1998年版,第218页。

要。"① 认为过去比未来重要，实质上就是排斥变化和创新，排斥变化和创新就是将静止不动或永恒不变看得比变化更为重要；理想状态就是确定不移的状态，变化带来的不是更好，而是更糟。这种对变化的悲观态度使古代思想把时间视为人类的天敌："对一个社群的拯救必须依赖于尽可能原封不动地保存启蒙立法者所确立的社会制度，因为变化即意味着衰败和灾难。这些先验的原则对很多希腊哲学家崇尚斯巴达城邦做出了解释，因为人们认为这一国家将一个由获得灵感的立法者确立的体系不仅保存得完美无损，而且保存的时间之久超乎寻常。因此，时间被认为是人类的天敌。贺拉斯的诗句：难道毁灭性的时间还有什么不能摧毁的吗？即'时间使世界贬值'，表达了大多数古代思想体系均接受的悲观主义的公理。"② 古代思想排斥变化，这是与古代社会基于人身依附的封闭社会结构有关。在封闭的小群体中，人们互相合作，相濡以沫。群体的伦理道德强调的是服从和奉献，"忠"和"孝"成为高尚品格的典范。只有群体成员的集中统一才能够凝聚力量来共同应付来自自然界和其他部族的威胁，因此它不允许群体成员出现不合群的个体性倾向，也就是它不鼓励群体成员有怀疑倾向和创新冲动。例如对群体族长的天然权威要深信不疑，对群体内的等级秩序要自发地遵循，对外来的陌生人要采取敌视的态度，否则流行于本群体内的长期被人们奉行的一些观念就会被动摇。接触外来的陌生人就可能使人了解一些新思想新观念，正如英国哲学家罗素所说，一个民族要发展就必须允许陌生人进来；也就是说在文明的相互碰撞，在挑战和迎战中文明得以发展。群体内老的权威逝去，新的继任者的权威往往不是依靠自身的大刀阔斧的创新能力赢得的，而是其纯正的血脉和对祖宗之法的严格遵循。这样，对逝去的久远的权威的敬仰

---

① [英] 安东尼·吉登斯：《现代性的后果》，田禾译，译林出版社2011年版，第33页。
② [英] 约翰·伯瑞：《进步的观念》，范祥涛译，上海三联书店2005年版，第8页。

就成为维系封闭群体的重要支柱，群体的祖先常常被神化，对祖先的神化和崇拜成为古代社会伦理道德的重要源泉。在各民族的早期文明发展史中，都有神化和崇拜自己祖先的倾向：是祖先教会了人们生存的手段，是祖先守护着后代的家园。普罗米修斯把火种带到人间，点燃希腊文明之火；燧人氏发明钻木取火，结束了茹毛饮血的历史，开创了华夏文明。把祖先视为神明，就是把自己拥有的历史看作是神话，而不是事实，后代将始终生活在祖先神话般的光环之中。

祖先崇拜使对永恒的向往和追求成为古代思想的显著特征。体现在古希腊哲学家柏拉图思想中就是对理念的信仰。为了逃脱时间对生命的惩罚，哲学家柏拉图发明理念这一概念，理念是永恒的、不变的，凡是变化的事物都是对理念的分有。例如具体的美是对美的理念的分有，这个人长得虽然美，但随着岁月的流逝，终有一天会人老珠黄，遭人嫌弃。只有美的理念不受时间的侵蚀，与其贪恋不长久的美色，不如追求美的理念，它是无条件的、恒久的。追求完美的理念，就是追求过哲学家的生活。在前现代社会之所以这么重视永恒的价值，一方面与人们没有像现代人这样离自己的生存根本越来越远有关，以至于存在主义哲学把现代人看作是无根的存在。德国哲学家雅斯贝尔斯为此提出"轴心时代"的概念，在轴心时代各民族纷纷出现探讨终极问题的伟大思想家，例如中国的老子和孔子、印度的释迦牟尼、古希腊的苏格拉底、柏拉图和亚里士多德。现代人往往不关心终极问题，也不思考永恒问题，因为形而上学时代已经被实证主义时代所取代。在一个人人谈创新的时代，只有不停地促进变化和更新才是永恒的追求，时间的流逝对现代人来说并不意味着衰败，而是意味着迎接新的美好的明天；人们不怕忘记过去，而是担心不能把握未来。马克思在《共产党宣言》中已经预见到这一现代性的特征：永远的不安定和变动，"一切固定的僵化的关系以及与之相适应的素被尊崇的观念和见解都被清除了,一切新形成的关系等不到固定下来就陈旧了。一切等级的和固定的东西都烟消云散了,一切神圣的东西都被亵渎了"①。

另一方面,古人理解自身的视角被神魅化,充满神话和梦幻色彩。"人们过去常常把自己看成一个较大的秩序的一部分。在某种情况下,这是一个宇宙秩序,一个'伟大的存在之链',人类在自己的位置上与天使、天体和我们的世人同侪一起共舞翩跹。"② 把拥有过去视为神话而不是事实的社会不会产生进步观念:"那些把死人奉为神明的社会,或者其文化被夸大的英雄传奇所主宰的社会,会使自己在过去的辉煌的映衬下显得苍白无力,因而也不会有进步的观念。"③

如果把永恒看得比变化更重要,那么好坏的标准就优于进步与否的标准。进步与否的标准是新旧,创新优于守旧,而好坏的标准是独立于流变的,因此越古越好。"前哲学时期生活的特征是简单地把好的与祖传的等同起来。因此,正确的方式就必然蕴含着仅仅是对祖先并且从而是对初始事物的怀想。"④ 把好的等同于祖传的,实际上就是承认祖先比我们更优越。越古越好,追求变化就是打着创新的旗号反对自己的祖先,把自己置于不确定性之中。创新就是青年人反对老年人,苏格拉底要求人们反思自己的生活,未经反思的生活是不值得过的。正如德国古典哲学家费希特所说,反思使人发现自我,使人走上离经叛道之路;良心告诉我们不要轻易相信任何人的主张,要对自己决然确信。苏格拉底式反思使其背上了使雅典青年人不信神,背叛自己祖先的罪名。苏格拉底之死不是雅典直接民主之过,而是他动摇了封闭社会的根基,使人对祖先产生了质

---

① 《马克思恩格斯选集》第1卷,人民出版社1995年版,第275页。
② [加]查尔斯·泰勒:《本真性伦理》,程炼译,上海三联书店2012年版,第3页。
③ [美]理查德·布隆克:《质疑自由市场经济》,林季红译,江苏人民出版社2000年版,第30页。
④ [美]列奥·施特劳斯:《自然权利与历史》,彭刚译,生活·读书·新知三联书店2003年版,第84页。

疑，对既定的生活样态产生了怀疑。由此也导致古希腊的智者背上了诡辩士的骂名：听了智者的教导，儿子居然动手打起老子！苏格拉底之死使柏拉图对民主深恶痛绝，民众在他眼里成为无知、粗鲁、反复无常的代名词，他心目中的统治者是作为知识精英的哲学王。

第二种情况是对人类文明的否定。对人类文明的否定被称为浪漫主义，浪漫主义又称为反智主义，因为它与18世纪启蒙的理性精神相对立。所谓启蒙就是把人从蒙昧状态唤醒，使其学会运用理性。在启蒙思想看来，无知、偏见和迷信使世界附魅，理性的光明驱散了笼罩在人们心头的迷雾，使世界祛魅。杜尔哥在他1750年出版的著作《人类智慧的不断进步》中写道："所有的乌云都被驱散了。智慧之光普照大地！各个领域的巨人聚集在一起，多么完美和伟大的人类理性啊！"启蒙运动所崇拜的理性是指科学理性，即客观冷静的思考，用科学的、一般的概念分析和解决问题，正确地运用理性就是正确地运用科学中的归纳和演绎方法来分析和解决问题。因此，18世纪又被称为科学的时代，是科学取得伟大胜利的时代。在科学领域，牛顿把宇宙"安排"得井井有条，所有的自然的力量，包括宇宙、星辰都被安放在他的天平之上。不仅仅在科学领域，对理性的信仰扩展到政治、道德、社会、艺术等众多领域，人们相信理性可以使人获得道德的完善。把道德看作知识论问题，这是古希腊时期就存在的唯理智论的道德观，苏格拉底认为，善是知识，恶是无知。不过与古希腊时期不同的是，古希腊时期这一思想有贬低普通民众的意思，因为知识和智慧只限于少数人，而且知识精英运用自己的智慧是不受"无知大众"限制的，柏拉图认为阻碍知识贵族自由运用自己的智慧，就是阻碍智慧的发挥。而启蒙思想强调的则是人人都可以通过自己的理性来认识善恶，实现自身道德完善。显然，这一思想针对的是人不能通过自身努力实现道德完善的基督教"原罪"思想。"美德最终在于知识；只有知道自己是谁,知道我们需要什么,知道从哪里获得所需和如何利用所掌握的最佳手段达到目的,我们才能过上幸福的、高尚的、公正的、自由的和满意的生活。"① 艺术不再追求纯自然的美,而是追求理智主义的形式美,例如绘画不再是对真实状况的再现,艺术家必须与"理想的形式"打交道,就像数学家与完美的圆打交道一样。启蒙运动对理性的信仰就是对进步观的崇拜,启蒙的进步观是一种乐观主义进步观,即相信理性具有推动文明进步的无限能力。

浪漫主义与启蒙的理性主义精神相对抗。在理性当道的18世纪的西方文化中,浪漫主义可谓是叛逆的另类,它是对通过理性可获得不竭的进步的观念的一种颠覆。作为反启蒙运动的一部分,浪漫主义被认为是法国大革命的结果,先是雅各宾派的革命的恐怖,后是封建君主拿破仑收拾残局,实行专制统治,这都使启蒙运动的信徒对理性失去了信心,并对理性进步产生了悲观情绪。浪漫主义崇尚自然,反对理性,认为人类生活中值得珍惜的许多东西并不是理性的产物。浪漫主义把理性与自然对立起来,认为理性破坏了人的自然本性;浪漫主义美化过去和自然,提倡回归自然,复兴人的原始性。在浪漫主义的后来发展中,它"又反对工业化社会以及现代经济中日渐严重的物质欲求的鄙俗和无情"。

以赛亚·伯林把浪漫主义看作是18世纪科学时代出现的一股反科学、兴人欲思潮。伯林认为浪漫主义来源于虔敬派的虔敬运动,虔敬派蔑视求知和形式的东西,强调精神生活的重要性。当向外求知从而实现自我完善的"自然之径"被堵塞,人们就转向内心世界,沉溺于自我;通过退向心灵深处以阻遏外在的灾祸,"由此引发了一种强烈的内心生活方式,大量感人、有趣但是相当个人化和情绪化的文学以及对知识分子的仇恨。更重要的是,它引发了对于法国、假发、丝袜、沙龙、腐败、将军、帝王及世上所有不可

---

① [英]以赛亚·伯林:《浪漫主义的根源》,吕梁等译,译林出版社2011年版,第32页。

一世事实上却是财富、罪过、邪恶之化身的宏大形象的强烈憎恶。对于那些虔诚而屈辱的人而言,这是一种很自然的反应。同样的情况也曾发生在遭遇相似的地区。这是反文化、反智主义和仇外情绪的一种特殊形式"[1]。伯林列举了约翰·格奥尔格·哈曼的反科学言论,哈曼认为,认识宇宙依靠的是信仰,而不是智慧。科学概念从来抓不住实际生活过程,如果你想知道一个人是怎样的,依靠的唯一的方法是谈话、交流,而不是心理学或社会学的一般性概念。那种寻找许多事物的共同点的一般性概念是毫无用处的,如果你想读一本书,你不会对它与其他书里相同的部分感兴趣,"唯有特殊性才有意味。"科学一旦运用到社会,将导致可怕的官僚主义。"启蒙的整套学说正在扼杀人们的活力,以一种苍白的东西替代了人们创造的热情,替代了整个丰富的感官世界。没有了感觉,人们便无法生活",启蒙的理性塑造的人是"无生命的模型"。[2] 总之,浪漫主义仇视理性和科学,重视感性和情感的力量;浪漫主义反对整齐划一,重视个性的自由表达。罗素说浪漫主义者多愁善感,但却对理性的擘画表现冷漠,也就是说浪漫主义不具有建设意义,例如面对穷人的生存境况,浪漫主义除了同情、愤怒和指责,提不出具体的解决办法。

  法国启蒙思想家卢梭被认为是浪漫主义的主要来源和主要代表,因为他反对文明,赞颂野蛮;质疑理性,相信人的自然情感,也就是说卢梭与启蒙的理性的进步主义观念唱反调。例如英国哲学家罗素就认为,"卢梭反对理性,维护情感,这是形成浪漫主义运动的强大影响之一"[3]。卢梭承认人类具有自我完善的能力,如果

---

[1] [英] 以赛亚·伯林:《浪漫主义的根源》,吕梁等译,译林出版社2011年版,第43页。
[2] [英] 以赛亚·伯林:《浪漫主义的根源》,吕梁等译,译林出版社2011年版,第48页。
[3] [英] 伯特兰·罗素:《西方的智慧》,崔权醴译,文化艺术出版社2005年版,第258页。

单纯看这句话，卢梭与信仰理性进步的启蒙思想家并没有什么不同，但是卢梭却把人的自我完善能力看作人类文明一切灾祸的根源。按照理性主义的启蒙思想，人的自我完善能力是离不开理性、知识、教育的帮助的，"启蒙主义的最基本的观点认为，邪恶和不幸不是人的内在弱点造成的，而是由于无知、偏见和贫困造成的，因此启蒙主义产生了乐观主义，即认为人类的问题可以通过理智、良好的教育和日益增长的物质的繁荣来解决"①。把人的自我完善能力看作是一场灾祸，无疑否定了启蒙思想对理性和科学的信仰，否定了对人类进步的乐观主义态度。卢梭在为第戎学院所写的征文《论科学与艺术的复兴是否有助于敦化风俗？》中给出了否定的答案，卢梭一方面把道德堕落的责任归于科学与艺术，另一方面赞美无知和贫穷。"我们的灵魂正是随着我们的科学和我们的艺术之臻于完美而越发腐败的。"全能的上帝啊！"请赐还给我们那种无知、无辜与贫穷吧，唯有这些东西才会使我们幸福，并且在你的面前也才是可贵的。"② 在另一篇没有获奖的论文《论人类不平等的起源与基础》中卢梭赞颂自然状态中遗世孤立的野蛮人，而指摘文明人的种种不是：野蛮人向往自由，文明人却走向枷锁，喜欢自己的奴隶状态；野蛮人喜欢孤独，文明人却走向人群，喜欢被人夸奖和艳羡，虚荣心使文明人只知道生活在别人的意见中，失去自我，结果是人前一个样，人后一个样。野蛮人内心平静，不逐名夺利，文明人整天操劳，生怕不被别人认可。人从自然状态进入社会状态意味着丧失自由和道德退化。总之，文明人缺乏智慧和道德，徒有知识和荣耀，人在社会中，在他人的注视中活得根本不幸福。在卢梭看来知识不等于智慧，道德不需要花环的装扮，文明使智慧和道德变质。伏尔泰在读了卢梭的著作后，在给卢梭的信中写了这样一段

---

① [美] 理查德·布隆克：《质疑自由市场经济》，林季红译，江苏人民出版社2000年版，第2页。
② [法] 卢梭：《论科学与艺术》，何兆武译，商务印书馆1963年版，第35页。

讽刺意味很浓的话:"读尊著,人一心想望四脚走路。但是,由于我已经把那种习惯丢了六十年,我很不幸,感到不可能再把它捡回来了。"伏尔泰在《泰门》中得出的推论是,卢梭提出的逻辑推演过程似乎就是文明的毁灭。

卢梭在其著作中的许多地方确实表达了对理性的怀疑和不满。例如卢梭就说过,沉思的人是堕落的人,理性欺骗我们的时候太多了,我们有理由对其表示怀疑,"我们这个时代的错误之一,就是过多地使用了冷静的理智,好像人除了理智外,就没有什么可利用的了"。理性"可以约束一个人,但很少能够鼓励人,它不能培养任何伟大的心灵。事事讲一番道理,是心胸狭隘的人的一种癖好"[①]。如果卢梭的写作到此为止,我们就可以说,他与那些反理性、科学和文明的浪漫主义者没有什么不同。但事实并非如此,卢梭虽然赞颂野蛮人,却让人们生活在由契约组成的公民社会中,并认为人只有首先成为公民才能成为人,成为公民的人是一个关心公共事务,以公共利益为依归的人。公民社会是一个民主法治社会,而不是离群索居者的社会。如果把卢梭的野蛮人和公民前后反差结合起来,可以发现卢梭的心路历程:返于自然状态不是摒弃社会和逃离他人,远离社会——保持良心自由——是为了找到一个不被社会所同化而又能无偏见地观察社会的支点,这样做,是为了能更好地关心社会。野蛮人和公民是一个人,就是卢梭本人,政治社会中的那个叫让·雅克的公民有着浪漫主义气质。

面对误解和指责,卢梭在《卢梭审判让·雅克》中辩驳说,开弓没有回头箭,他一向无意去开历史倒车,人们不能随心所欲地反转他曾一度选择的方向。卢梭之所以持有文明退步论,目的是要人们借助于回首跂望,来省察传统社会的偏差与缺陷,并通过返于自然状态来为人类在其中寻找规范。由此可以断定卢梭开辟了另一

---

① [法]卢梭:《爱弥儿》下卷,商务印书馆1962年版,第469页。

种浪漫主义——方法论浪漫主义,浪漫主义是卢梭"以退为进"的方法论策略。如果我们对卢梭的著作不能全面了解,就很容易把卢梭看作是一个主张走回头路的反文明的浪漫主义者。如果我们把卢梭看作是一个革命者,就很容易理解卢梭为什么赞颂不向文明的习俗偏见低头的孤傲的野蛮人了。

二 现在维度:现实的就是合理的,合理的就是现实的

注重现实是伴随宗教世界图景瓦解的世俗社会的显著特征。从传统社会转向现代社会,人们的热情从彼岸世界回到了此岸世界,这一转向就是孔德所说的从神学和形而上学时代进入实证主义时代。实证主义崇拜现实,热衷于描述现实。海因里希·罗门认为,实证主义对现实表现出"苦行僧"般的带有幻灭感的追寻;罗门对实证主义持批评态度,认为实证主义是对形而上学的蔑视,最终将导致无法坚持下去的玩世不恭。相对于罗门,卡尔·雅斯贝斯对实证主义的评价较为温和,在雅斯贝斯看来,实证主义不是无视应然问题,而是不想研究应然问题,它对现实采取的是一种科学主义的求实态度:"实证主义者不想高谈阔论,而是要求知识;不想沉思意义,而是要求灵活的行动;不是感情,而是客观性;不是研究神秘的作用力,而是要清晰地确定事实"[①]。也就是说,实证主义把自己限定在对客观知识的探讨,而客观知识不涉及价值判断。

实际上,实证主义并不是自我限定的,把意义问题交给形而上学,然后使自己专注于对经验性客观知识的描述。实证主义根本不承认存在形而上学提出的问题,实证主义乃是形而上学遭到根本破坏的结果。在形而上学遭到破坏之后,实证主义完全支配了人们的

[①] [德] 卡尔·雅斯贝斯:《时代的精神状况》,王德峰译,上海译文出版社 2013 年版,第 20 页。

世界观,"并且唯一被科学所造成的'繁荣'所迷惑,这种唯一性意味着人们以冷漠的态度避开了对真正的人性具有决定意义的问题。单纯注重事实的科学,造就单纯注重事实的人"[①]。在实证主义那里,为了达到对事物的客观认知,各种主观因素被排除掉,人的大脑成为如实影射外部世界的一面镜子。当实证主义把自己限定于探究"是什么"的纯知识论问题,它就失去了对现实的批判功能。而且实证主义的发展呈现出向其他学科渗透并统治其他学科的倾向,它导致哲学与科学的界限越来越模糊,哲学有着被融入科学的倾向,即哲学的科学化。哲学的科学化与科学只是为哲学提供经验材料是完全不同的,哲学的科学化使哲学问题完全变成经验性问题,失去了思辨性;这样,"意义"问题就有可能从哲学中被排除掉。伴随哲学科学化的是价值理性被工具理性所取代,关于人的存在意义问题只能交给技术专家去处理了。

现实维度并不是说没有理想追求,但是理想不是可能性的东西,而是现实性的东西。理想不是超越现实的,而就是现实;理想不是在追求中,而是在现实的既有成果中。这是一种对现实的乐观主义态度,把自己所处的时代看作是文明发展的最高阶段,把自己生活于其中的制度建构看作是最理想的文明形式。相较于过去而言,现在是进步了;相较于未来可能性而言,现在是最好的。进步不是无止境的,到了一定高度就突然中止了。黑格尔是这一思想的主要代表。在一般意义上讲,理想之为理想,就是因为理想始终与我们保持一定的距离;而在黑格尔看来,"合理的即是现实的","现实的即是合理的",亦即合乎理想(理性)的就是现实的,现实的就是合乎理想(理性)的,理想与现实之间的距离消失了,因为理想(理性)与现实之间达成了和解,实现了统一。理想是以思想或观念的形式表达出来的,理想与现实的和解就是思想与现

---

① [德]胡塞尔:《欧洲科学的危机与超越论的现象学》,王炳文译,商务印书馆2001年版,第18页。

实的和解，或者是观念与现实的和解。黑格尔在他的哲学中统一了现实与理想、实然与应然，哲学在黑格尔那里就是对"和解理性"的认识。黑格尔认为哲学不能超出它的时代，正如人不能超出他的皮肤一样，所谓超越时代的应然世界即使存在也只是存在于人的私见中，而"私见是一种不结实的要素，在其中人们可以随意想象任何东西"①。彼岸的东西也只是存在于片面的空虚的错误推论里。哲学的任务在于了解已经存在的东西，而未成为当前的未来是不可认识的。哲学既不能预测未来，也不能提供某种彼岸的东西，而只能跟在现实的后面对其进行解释，就像那只在黄昏之后起飞的密纳发的猫头鹰，在事后对现实进行被动的描述和反思。哲学不能改变生活，只能认识生活。如果把哲学比作一支画笔，那么它蘸什么颜色就画成什么颜色，不会发生改变。"无论如何哲学总是来得太迟。哲学作为有关世界的思想，要直到现实结束其形成过程并完成其自身之后，才会出现。概念所教导的也必然就是历史所呈现的。这就是说，直到现实成熟了，理想的东西才会对实在的东西显现出来，并在把握了这同一个实在世界的实体之后，才把它建成为一个理智王国的形态。当哲学把它的灰色绘成灰色的时候，这一生活形态就变老了。对灰色绘成灰色，不能使生活形态变得年青，而只能作为认识的对象。"② 只有当现实完全变成理想，理想才对我们显现，而完全变成现实的理想也就不是理想，而成为现实了。理想之为理想是因为它不能完全变为现实，与现实始终保持一定的距离。在黑格尔那里，现实不是作为出发点，而是作为理念的结果出现的，这样，黑格尔就颠倒了主谓关系，把现实的东西当作应有的东西来看待，实然与应然实现了虚假的统一，现实的东西与观念的东西之间的矛盾被掩盖起来。如果应当成为现实的东西就是现实的东

---

① [德] 黑格尔：《法哲学原理》，范扬、张企泰译，商务印书馆1961年版，序言，第12页。

② [德] 黑格尔：《法哲学原理》，范扬、张企泰译，商务印书馆1961年版，序言，第13—14页。

西，那么应当就失去了对现实的批判功能。黑格尔把理念当主词，而把现实变成谓词，"因为其方法是颠倒的，黑格尔只能把现实的东西指认为应有的东西。简言之，黑格尔把合理性解释成了实际的（事）态，因此，把它变成了其所不是的东西（即，它不是它应该是的东西）"①。

理性主义启蒙运动所开启的现代性是面向未来的，现代性的未来指向意味着对过去的遗忘和对新颖性的追求，这就要求哲学把实然与应然置于对抗状态，用哈贝马斯的话来说，就是用概念去解构惰性的社会生活和政治生活。而黑格尔哲学则停留于对世界现实性的解释和反映之中，否定了认识未来发展的可能性，这就弱化了哲学对现实的批判和解构意义。哲学如果不再批判性地面对现实，拒绝履行自我批判和自我更新的天职，那么站在时代高度的哲学就已经丧失了存在的意义。

三 未来维度：从对将来的关系中寻找现在的意义

文明批判的未来指向是一种对文明的乐观主义态度，在这里加"主义"二字并不意味着这种态度是无反思和无批判的，以为人类为将来做的事情都是正确的。未来指向的前提是承认人类文明是不断进步发展的，人类有着一个可以期待的美好未来。文明批判的未来指向不是从对过去的联系中来寻找现代的意义，因为它把传统看作陈旧、落后的代名词，只有在（辩证）否定过去中，才能开拓未来。现代性增强了人们对世俗生活的信心，使人们沉醉于对新颖性的追求，现代性不断创造出新的传统："现代性是一个没有终点的过程，这意味着永久创新的思想、新事物不断被创造出来的思

---

① [美] 维塞尔：《普罗米修斯的束缚》，李钧、万益译，华东师范大学出版社2014年版，第182页。

想。生活在现在,指向未来,渴望新奇,促进创新。"①

从对将来的关系中寻找现在的意义,并把现代世界看作一个指向未来的世界,这种进步观源于理性主义的启蒙运动。如果说新教改革把人从教会的制度支持中解放出来,激发了人们做自身命运主人的观念,那么启蒙运动则把人的理性从宗教神学和封建专制的禁锢中解放出来,赋予了人运用自己的理性的自主权利。

启蒙运动树立了人类理性的权威地位,理性权威地位的确立增强了人类对理性操纵和控制变化的信心。人类不再把自己的命运交给不可预测的神圣安排,而是牢牢掌握在自己手里。人类的问题可以通过人类的理性来解决,只要遵循理性的指导,人类就具有推进文明进步的无限能力。理性之光将驱散黑暗,人类未来一片光明。这种对理性的崇拜使人对文明进步持有乐观态度,即把文明的进步看作一帆风顺的,没有曲折,也不会发生反复。在逐步完善的道路上,没有巨变,有的只是不断地改进。对于资产阶级启蒙思想家来说,他们所说的美好社会就是资产阶级价值观逐渐成熟和完善的社会,或者说是资产阶级价值观被美化的社会。"对于历史发展的乐观估计,反映了早期生机勃勃的欧洲中产阶级的自信。在他们眼中,理性将推翻暴政,科学将战胜迷信,和平将驱除战争,全人类(更准确地讲是欧洲)都将进入一个个人自由、社会和谐、商业繁荣的新时代。"②

马克思主义对人类文明进步持乐观态度。马克思认为,人类文明不断地从低级向高级发展,从社会形态上看,人类总体上已经经历或将要经历五大社会形态,即原始社会、奴隶社会、封建社会、资本主义社会、共产主义社会。从所有制形式来看,人类依次经历

---

① [意]艾伯特·马蒂内利:《全球现代化——重思现代性事业》,李国武译,商务印书馆2010年版,第12页。
② [英]特里·伊格尔顿:《马克思为什么是对的》,李杨、任文科、郑义译,新星出版社2011年版,第71页。

部落所有制、古代公社所有制和国家所有制、封建的或等级的所有制、现代资本主义的所有制和共产主义的所有制。从人的社会关系来看，人类依次经历"人的依赖性"、"以物的依赖性为基础的人的独立性"以及"自由的社会个性"三个阶段，亦即从前资本主义社会的"不平等关系"，资本主义社会的"形式平等的关系"发展到共产主义社会的"具体平等的关系"。共产主义社会之前的文明发展史基本上都是阶级剥削和压迫的历史，马克思称其为必然王国；必然王国的人们处于盲目地被奴役状态，劳动对人来说是异化的劳动，人们逃避劳动，因为非自愿的异化劳动使人丧失了做人的尊严。而共产主义社会则消灭了剥削和压迫，每个人的自由是其他所有人自由的条件。共产主义社会被马克思称为自由王国，即自由人的联合体，人类文明发展的总体趋势就是不断地从必然王国飞跃到自由王国。在自由王国，人是自己命运的主人，认识并掌握历史和自然规律，劳动成为人的天职和第一需要。成为人的第一需要的劳动是人们自愿进行的不是为了生活的劳动，为了生活的劳动不能成为第一需要，当劳动只是谋生的手段，人们只能是厌恶劳动、逃避劳动。在物质财富极大丰富的共产主义社会，人们劳动不是为了满足自己的肉体的生存需要，而是为了使自己的才能得到全面发展。在马克思看来，为了生存进行的劳动不是真正的劳动，劳动是闲暇时间——不同于劳动休息期的空闲——人们所从事的创造性活动，这种创造性活动不是人的智力和体力的消耗和贬损，而是人的才能的充分发挥和全面发展。"原来，当分工一出现之后，任何人都有自己一定特殊的活动范围，这个范围是强加给他的，他不能超出这个范围：他是一个猎人、渔夫或牧人，或者是一个批判的批评者，只要他不想失去生活资料，他就始终应该是这样的人。而在共产主义社会里，任何人都没有特殊的活动范围，而是都可以在任何部门内发展，社会调节着整个生产，因而使我有可能随自己的兴趣今天干这事，明天干那事，上午打猎，下午捕鱼，傍晚从事畜牧，晚饭后从事批判,这样就不会使我老是一个猎人、渔夫、牧人或批判者。"①

马克思对人类文明进步发展趋势的认识既不是预言家的预言,也不是空想社会主义者的乌托邦式的空想。在马克思主义产生以前,人们对未来社会的设想都多少带有神秘色彩和空想性质,莫尔在其《乌托邦》一书描绘了一个美好的、共产的社会,但在书的结尾处写道:我只是想想而已,并没有企图。马克思是唯物主义者,唯物主义的认识路线是实事求是,要求一切从实际出发,而不是从抽象的概念和定义出发。但我们不能把这种务实的态度理解为对现实带有幻灭感的追寻的实证主义那种玩世不恭,正如马克思在《〈黑格尔法哲学批判〉导言》中所说,"光是思想力求成为现实是不够的,现实本身应当力求趋向思想"。也就是说,思想不是对现实的被动反映,思想也不是被动地去满足现实的需要;思想的要求和现实不是完全一致的,现实应当按照思想的指引去追求理想的目标。"马克思主义坚决质疑那种自以为是的道德主义,时刻警惕理想主义的倾向。他们总在探寻潜藏在轻率的政治辞令背后的物质利益,对那些外表虔诚的言论和感情用事的愿望背后单调而可耻的力量保持警觉。这是因为他们希望将世间百姓从这些力量的掌控下解放出来,因为他们相信人类有能力建立一个更好的制度。他们将自己的冷静务实与对人性的信任结合在一起。唯物主义因其实事求是的精明而不容易被豪迈的政治辞令所欺骗,也因其对人类不断改进的希望而不会变得玩世不恭。"② 马克思的世界观和方法论是唯物的、科学的,科学精神是一种求真务实精神。马克思坚持从实际出发,科学地把握自然和人类社会发展的本质和规律。马克思对未来社会的展望是建立在对人类社会发展的一般规律和资本主义社会发

---

① 《马克思恩格斯选集》第1卷,人民出版社1995年版,第85页。
② [英]特里·伊格尔顿:《马克思为什么是对的》,李杨、任文科、郑义译,新星出版社2011年版,第81—82页。

展的特殊规律的揭示基础上的，从而把对人类文明的进步发展的认识上升到客观必然性的高度。人类文明从低级向高级发展是必然趋势，人类文明的发展遵循生产力与生产关系矛盾运动的规律和经济基础与上层建筑的矛盾运动规律；当生产关系阻碍了生产力的发展，就需要通过革命变革旧的生产关系，建立新的生产关系，这是不以人的意志为转移的。生产力的最终发展使人类文明走向共产主义和自由王国。

马克思对未来理想社会的构想不是教条式的预测和无端的臆想，而是来源于对现实的批判，"在批判旧世界中发现新世界"。未来是从现实中推演出来的可能性，从可能发生变化的视角看待世界现实，从现存的现实本身的形式中引出作为它的应有的和最终目的的真正实现。直面冷酷的现实，挖掘现实中蕴含的可能性。恩格斯于1886年1月27日在致皮斯的信中说："但是无论如何应当声明，我所在的党并没有任何一劳永逸的现成方案。我们对未来非资本主义社会区别于现代社会的特征的看法，是从历史事实和发展过程中得出的确切结论；不结合这些事实和过程去加以阐明，就没有任何理论价值和实际价值。"从这个意义上来说，马克思是"一个能保持清醒现实主义头脑的理想主义者。他将注意力从未来的美好幻想转移到枯燥的现实工作中。但正是在这里，他找到了真正丰富多彩的未来"[1]。共产主义对马克思来说不是遥远的未来，而是人们改造现实应遵循的原则，是"真正废除事物现状的运动"。

马克思所构想的未来共产主义不能被理解为人类文明发展最终形态，否则就会导致历史终结论，所谓历史终结论是指人类文明按照预定目的演变发展，当达到预定目标，人类历史就终结了。共产主义也要经历不同发展阶段，例如共产主义革命的过渡时期，共产主义第一阶段和共产主义高级阶段等。特里·伊格尔顿认为，共产

---

[1] [英] 特里·伊格尔顿：《马克思为什么是对的》，李杨、任文科、郑义译，新星出版社2011年版，第80—81页。

主义将人带入了"真正的历史",是真正的人的历史的开始,而共产主义之前的社会——阶级剥削和压迫的社会——都是人的"史前阶段",可以说共产主义展开了人之为人的真正历史发展阶段。1893年5月11日,恩格斯接受法国《费加罗报》记者的采访时声明:"我们没有最终目标。我们是不断发展论者,我们不打算把什么最终规律强加给人类。关于未来社会组织方面的详细情况的预定看法吗?您在我们这里连它们的影子也找不到。当我们把生产资料转交到整个社会的手里时,我们就会心满意足了。"而且未来理想社会的实现也不是一帆风顺的,人类文明的进步发展不是线性的。所谓线性的进步观就是人类文明只有进步而没有退步,只有希望而没有危机,始终沿着一条直线无限延伸;未来是现在的延续和补充,现在比过去进步,未来比现在更进步,就像启蒙思想家对理性的乐观崇拜那样,把人类前途看作一片光明。马克思的进步观是辩证的、批判的,发展是新事物代替旧事物,新事物代替旧事物不是一帆风顺的,事物的发展是波浪式前进和螺旋式上升的。在这一过程中,甚至会出现停顿和倒退,也就是说历史的进程并非不可逆转的。辩证地看待发展要求人们既要看到积极一面,又要看到消极一面,进步往往伴随着退步,希望往往跟随着危机,发展往往伴随着停滞。事物的发展既有积极的一面,也有消极的一面。马克思一方面看到资本主义所带来的生产力的发展,"资产阶级在它的不到一百年的阶级统治中所创造的生产力,比过去一切世代创造的全部生产力还要多,还要大。"另一方面又看到在城市化过程中对城市工人的身体健康和农村工人的精神生活的破坏。资本主义摧毁了一切神圣的东西,把人与人之间的关系变成赤裸裸的金钱关系。

在马克思那里,推动人类文明进步发展的不是18世纪启蒙思想家所崇拜的理性,而是人的实践活动,"哲学家们只是用不同的方式解释世界，问题在于改变世界。"① 单纯凭借说教和理性对话是改变不了世界的，实践是人这个类存在物的存在方式，人通过创造性的实践活动证明自己是有意识的类存在物。人不是外在环境的被动适应者，而是环境的积极改造者，人能够按照自己的目的去选择和创造适合自己的生存环境。对于我们人类来说，"周围的感性世界决不是某种开天辟地以来就直接存在的、始终如一的东西，而是工业和社会状况的产物，是历史的产物，是世世代代活动的结果，其中每一代都立足于前一代所达到的基础上，继续发展前一代的工业和交往，并随着需要的改变而改变它的社会制度。甚至连最简单的'感性确定性'的对象也只是由于社会发展、由于工业和商业交往才提供给他的"。② 人类文明的进步发展体现了合目的性和合规律性的统一，合目的性体现了人的意志和能动性，合规律性体现了发展的必然性。人类文明的进步发展是按照客观规律自然演进的，是社会发展一般规律作用的结果，但在这一过程中，如果没有人的实践活动，没有人的主体性选择和创造，文明的进步发展是不会自动发生的。这就是动物没有历史，而人有历史的原因。"因此，人类活动在现实上是由必然不断地向自由趋近的过程，历史的发展也是'人的真正的自然史'，社会进步表现为在人类活动推动下由必然王国向自由王国的不断趋近。社会的进步是以人为核心的，总体表现为由'人的依赖关系为基础'的人转变为'以物的依赖关系为基础'的人，最终走向'全面而自由发展'的人。"③

---

① 《马克思恩格斯选集》第1卷，人民出版社1995年版，第57页。
② 《马克思恩格斯选集》第1卷，人民出版社1995年版，第76页。
③ 易小兵：《马克思主义进步观：社会主义核心价值观的前提》，《理论月刊》2016年第4期。

第三章

返于自然状态：为了"生而自由"

人对现实的不满实际上就是对人自身的不满，因为我们当下的生存处境都是我们文明创造活动的产物，也就是我们的处境都是我们自身造成的。所以当人们表现出对现实的不满的时候经常发出这样的疑问："我们怎么变成今天这个样子？"进而发出"我们不应当是现在这个样子！"的慨叹。这是人的理性反思的结果，设计论者的回答是人类及其文明被设计的有缺憾，亚当和夏娃带着原罪从自然走向文明。自发演进论者的回答是文明进化是自发过程，不断试错的结果，世上本没有路，走的人多了就成了路。"怎么变成今天这个样子"，暗含着"原来不是这样"，或者是"本不应当是这样"的意思。本然与实然之间的冲突说明"变成今天这个样子"是因为走错了路，或者是迷失了方向，从而使人违背了初衷，一步步走到今天。在这种情况下，要想回答人应当是什么样子的问题，就得弄清楚人本然是什么样的。或者说，要想避免今后走错路，避免迷失方向，就要借助于回首跂望来反省人类文明创造活动的偏差。回到开端，回到文明的起点，回到人类走向文明的出发地，看一看人类是怎样一步步走来的。这不是穿越，而是哲学上的理智冒险。卢梭的工作就是试图完成这样的理智冒险。

一 返于自然状态的目的：还原人原初的样子

进入文明社会之前的人，是大自然创造的没有经历文明洗礼的自然人，也就是天然的人，卢梭称其为野蛮人。文明是指人类的创造力量和创造成就，文明在卢梭那里有"人为"的意思，人为的东西就是不自然的东西，在卢梭那里，不自然的东西又有做作、虚伪、不一致的意思。与自然的人相对的是人为的人，与野蛮人相对的是文明人。自然人的禀赋是先天的，先天的禀赋是固有的，由自然赋予人的东西是人内在的固有的禀赋。文明人的禀赋是后天形成的，是超自然的，是环境与人的进步对他的原始状态添加或改变的东西；这些对人的添加和改变使人成为人为的人，或者说是按照人的成见塑造的人。卢梭把人身上固有的自然的东西看作"真"的，而把人身上人为添加和改变的东西看作"假"的；对自然的人与人为的人的区分显然是为了以此来鉴别哪些是人的"本色"，哪些是人的"假面"，把人的看起来的"是"与实际的"是"区别开来，进而把人的徒有其表的德行与真正的道德区别开来。

在人的天性中，分辨出哪些是原有的东西，哪些是人为的东西，并不是一件轻易的事情，因为人类的进步已经使人离开了他的原始状态。我们在人身上看到的大多是被人为添加和改变的东西，他已面目全非，就"如同格洛巨斯的雕像之遭到天气和海水的侵蚀与狂风暴雨的吹打，已经被弄得不像一尊海神而像一头猛兽，人的灵魂也一样：在社会环境的重重包围中，由于千百种不断产生的原因的影响，由于在获得了许多知识的同时又接受了许多谬见，由于身体气质的变化和欲念的不断冲动，可以说，人的灵魂也是被弄得几乎认不出来了。"[①] 我们永远也不会明确知道和我们打交道的

[①] [法]卢梭：《论人与人之间不平等的起因和基础》，李平沤译，商务印书馆2015年版，第35—36页。

都是些什么人,卢梭认为要认清楚自己的朋友都是很困难的事情,除非要等到不可能再有更多时间的重大关头。关于人的知识是对我们最有用的知识,但是我们积累的知识越多,却越是发现找不到认识人的门径,因为我们积累的知识是关于文明人的知识,即人为的人的知识。尽管哲学家追求绝对的独立,主张从绝对确定的自我出发来规定自己,但是人一旦进入社会就很难完全按照自己的意愿来生活,来塑造自我。人们以为的"我"并不是"真正的自我",而是弗洛姆所说的"伪自我",是按照公众的意见和社会要求塑造的自我,我们都是"人为的人","人们无法不借助他人而完全享有自身"。所谓使人成为人,就是使人成为符合某种社会建制要求的人,或者说是社会公众认可和期待的人,海德格尔称其为"常人"。敢于表现自己的真性情的人——率真的人——往往被认为是不谙世故的人;为了适应社会和迎合公众意见,人们往往把真实的自我隐藏起来,以"伪自我"的面目示人。更有可能的事情是人们隐藏起来的自我也不是本真的自我,而是包含了自己的社会偏见的自我。人一旦进入社会、融入群体之中,他的真正自我就已经不完全在他自身了,卢梭颇为无奈地说:人的生命构成也许就是这样的。我们都是曲中人,曲中人怎么能认识曲中"人",因为我是按照"我们"的标准去看待人,认识的"前判断"使人总是戴着有色眼镜看问题,影响了我们获得对事物的本质的真正认知。古希腊哲学家第欧根尼在大白天打着灯笼行走,人家问他打着灯笼在找什么?第欧根尼说他在"找人"。显然,第欧根尼要找的不是那些在熙熙攘攘的人群中忙碌的文明人,而是没有迷失自己本性的人。"第欧根尼之所以未能找到他心目中的人,是因为他想在他的同时代人当中去寻找早已过去的时代的人。"①

要想使格洛巨斯雕像露出真容,就要洗刷掉因海水的侵蚀和暴

---

① [法]卢梭:《论人与人之间不平等的起因和基础》,李平沤译,商务印书馆2015年版,第121页。

风雨的吹打所留下的岁月的斑痕。拂去文明的灰尘，还原人的本来面目，就是通过去掉人为的东西，使人返于自然状态。人为的东西，在卢梭看来是从外部强加于人的，对人来说是枷锁，它使人的天性被腐蚀。自古以来的先贤圣哲都有这样一个信念：人的一切外部的和偶然的特征不能构成"属人"的东西，因为它们不是人的本性的自然流露，"所有那些从外部降临到人身上的东西都是空虚的和不真实的。人的本质不依赖于外部的环境，而只依赖于人给予他自身的价值。财富、地位、社会差别，甚至健康和智慧的天资——所有这些都成了无关紧要的"[①]。而这些在先贤圣哲眼中无关紧要的东西却是文明人乐此不疲、苦苦追寻的东西，在这种追寻中衍生出无数的悲剧和罪恶。卢梭认为，在文明的花朵粉饰下，人们爱自己的枷锁。如果把人为的东西（文明的产物）看作枷锁，那么去掉人为的东西，返于自然状态，就是使人返于自由；自由是人的固有的天赋，"人生而自由"。人的自由的天赋被腐蚀，使人爱自己的奴役状态。卢梭甚至产生了这样的观念：要强迫人们自由，从而恢复人的天性。

二 返于自然状态的方法：把社会分解为它的终极组成部分

返于自然状态并不是像一些人——例如伏尔泰和狄多罗——所认为的那样，卢梭是试图把人拉回森林去过原始人的生活。自然状态不是原始社会，自然状态中的野蛮人也不是原始人。史前时期是什么样已经没有什么争议了，它是考古学家和历史学家研究的问题。卢梭既不是考古学家，也不是历史学家。返于自然状态不是发生在实践中，而是发生在思想中的一场哲学上的方法论革命，即通

[①] [德]恩斯特·卡西尔：《人论》，甘阳译，西苑出版社2004年版，第12页。

过搁置人身上的社会性存在,把人从群体状态还原为个体化存在状态,也就是社会性阙如的状态。这种状态是具有假说性质的人之为人法理地位的自然状态,而不是对过去的事实——婴儿时期的人类——的描述。在卢梭那里,"并不是对于人们关于人的阅历的反思,而只是某种特殊的'科学'程序似乎才能够给人们带来有关人性的真知"。[1] 卢梭说哲学家们都承认返于自然状态的必要性,但是没有人真正做到这一点,因为他们把人类只有在社会状态中才有的观念拿到自然状态中去,他们没有把野蛮人与文明人区分开来;他们说他们讲的是野蛮人,但是我们看到他们描绘的却是文明人。霍布斯就是犯了这样的错误,霍布斯因此而成为卢梭主要攻击对象,但是卢梭却接受了霍布斯关于把社会人还原为自然人的方法。卢梭虽然接受了霍布斯的返于自然状态的方法,但是却不同意霍布斯的结论。

按照我们的理解,人本来不就是合群的吗?合群性被视为人的社会性的体现,正如马克思所说:"人是最名副其实的政治动物,不仅是一种合群的动物,而且是只有在社会中才能独立的动物。"[2] 脱离社会关系,我们怎么去界定人?从古希腊罗马到中世纪晚期流行的都是社会有机体观念,个人被视为与社会融为一体的,社会性成为人的内在的构成性,离开社会性,人就不能称其为人。正如亚里士多德所说,一个生活在社会之外的人,同他人不发生任何关系的人,不是动物就是神。经过文艺复兴人文主义运动对个人无上价值的宣扬以及近代启蒙运动对个人自主性的强调,长期流行的社会有机体观念逐渐被近代自然法思想所抛弃。近代自然法思想的出发点不是天生社会性的人,而是在逻辑上先于社会的个人;个人造就了社会,而不是社会造就个人。在过去,社会生活形

---

[1] [美] 列奥·施特劳斯:《自然权利与历史》,彭刚译,生活·读书·新知三联书店 2003年版,第274页。

[2] 《马克思恩格斯选集》第2卷,人民出版社1995年版,第2页。

态"被视为胚胎包含在人的理念中，那么现在，站在自由的个体角度，它们只能被视为 status adventicii［外在地位］，是因为各种各样非本质性的理由而添加上的：社会性，功用，或单纯的外在完美"①。如果我们读一读卡西尔的《启蒙哲学》就会明白为什么近代启蒙思想家脑袋里会生出这样的——自然状态中个人——观念，卡西尔认为，启蒙思想抛弃了17世纪形而上学的抽象演绎的方法，而代之以分析还原和理智重建的方法。"所谓认识某一对象，就是把它分析、还原为它的终极组成因素，然后在思想中把这些因素重建为一个整体。"②

剥离人身上的社会性，把人还原为自然状态的个人，这一思想方法被称为方法论个人主义，它的创立者是霍布斯。霍布斯认为只有通过一个事物的组成要素，才能更好地认识这个事物。因此在认识事物之前，必须把事物分解还原为它的最终组成部分，还原必须彻底，直到不能再分为止。这种思想方法的前提是把事物看作机械复合体，而不是生命有机体，有机体的部分是不能被分割出来的，因为部分不能单独存在，它的价值和机能是由整体赋予的，离开了有机整体的部分什么也不是。如果把社会看作复合体，那么社会这个复合体的最终组成要素就是个人。把社会复合体分解还原为个人就是割断人与人之间社会联结的纽带，使人与人处于分立状态，这种分立状态就是自然状态。霍布斯认为自然状态不是一种和平状态，而是一种战争状态。在自然状态中，人对人就像狼对狼一样，相互之间充满敌意和攻击性，因为人在本质上是自私贪婪的，人的欲望一旦发动起来就不会停息，"永远不可能没有欲望和恐惧"，至死方休。可想而知，生活在这种充满猜忌、敌视和恐惧氛围中的人将是孤独、肮脏、粗野和短寿的。在霍布斯那里，被割断了社会

---

① ［德］海因里希·罗门：《自然法的观念史和哲学》，姚中秋译，上海三联书店2007年版，第74页。
② ［德］E.卡西尔：《启蒙哲学》，顾伟铭译，山东人民出版社1988年版，前言第3页。

联系纽带的个人并没有成为心态平和并过着自己生活的离群索居的人,反而成为具有强烈的反社会倾向的粗鲁蛮横的人。自然状态就是离开了强权约束下的无政府状态,自然概念"转变成一个不可复归的,非道德的甚至是反社会的欲望和激情的最低点"。① 为了恢复秩序和确保和平,霍布斯提出通过一项投降式契约把人们的权利和力量都转让给一个全权的主权者,霍布斯称之为"利维坦"。全权的主权者犹如巨型的怪兽,能够吞噬一切,虽然可怕,但是它可以增进所有人的和平、安全和便利。

从自然状态走向专制主义社会是霍布斯把人看成是自私自利、不合作、寻衅好斗的动物的悲观主义观点的必然结果。如果考虑到霍布斯生活的时代是一个内战频发、政治纷争和宗教冲突不断的动荡时代,那么霍布斯所描述的自然状态就不是纯粹的自然状态,而是他所处的社会状态的真实写照。霍布斯想告诉人们的是出现这种社会状况的原因是人们拒绝合作,企图把自己从社会纽带的束缚中脱离出来,以便毫无忌惮地谋取自身利益;人对人像狼对狼一样,是极端的个人主义可以预见的结果。自然状态是对极端的个人主义社会状态的影射,如果主权不能统一,政治权威没有得到社会公认,社会就可能退回到霍布斯所描述的野蛮的自然状态。霍布斯对人性的看法是悲观的,霍布斯的悲观主义使其把自由与道德对立起来。自由和道德败坏不能共存,自私贪婪的人不配享有自由,因为自由对人性提出了更高的要求。霍布斯对人性的态度说明他是一个阴郁的现实主义者,他对人性不抱任何幻想,这导致自由在他那里走向其反面。自然状态在霍布斯那里不是应然状态,而是实然状态,它是令人生厌的公民社会的反面教材,同时也给那些极权主义者提供了实行专制统治的借口;这个借口就是民众不配享有自由,因为他们都是道德上有缺陷的病人,需要那些知识精英和道德上的

---

① [英] 安东尼·阿巴拉斯特:《西方自由主义的兴衰》,曹海军等译,吉林人民出版社2004年版,第173页。

圣者来拯救他们，对他们实行道德监管，而统治者在运用自己的智慧的时候是不受限制的。霍布斯看到了个人主义的危害，但他的悲观主义使其走向另一个极端——极权主义，这显然是与启蒙精神不相符合的。如何破解这个难题，成为了卢梭考虑和解决的问题。

在卢梭看来，自然状态不是霍布斯所说的战争状态，而是和平状态，因为人的天性不是残忍的，而是温和的，再也没有什么人比他们在原初状态更温驯的了。野蛮人没有善恶的区别，欲念平静，天生具有怜悯心，在怜悯心的制约下，他对任何人都没有伤害之心，他更注意的是保护自己不受到可能的伤害。更为关键的是野蛮人没有文明人那种爱面子和图虚荣的自尊心，人的贪婪不是人性使然，而是人的自尊心造成的，而自尊心是合群的产物，人一旦融入群体就不可能不在意他人对自己的评价和看法了；自尊心使人通过对他人不利的方式来满足自己的欲望，正是自尊心使人变得凶暴残忍。

卢梭认为自然状态中的野蛮人就像在伊甸园中没有被诱惑吃善恶果之前的亚当和夏娃一样，既无邪恶心，也无为善的美德，因此既不能把野蛮人看作"好人"，也不能看作"坏人"。吃了善恶果的亚当和夏娃被赶出伊甸园，天使用火剑封住伊甸园的入口，这说明是否具有区分的观念、区分善恶的观念是自然状态与社会状态的分水岭。离开伊甸园的亚当和夏娃进入人类文明社会，再也回不去他们曾经的"天堂"——没有被高低贵贱的差别心困扰的天真无邪的自然状态，这意味着亚当和夏娃在社会中不能再按照自己的"天性"做事了。人丧失天性，意味着失去了自由，即失去了不被因区分而导致的欲念所困扰的自由。在自然状态中，我们只能从生理意义上来理解善恶这两个词，即有益于保护自己的生存、有益于保护自己生存的品质称为美德，反之则称为邪恶，这与道德意义上的善恶有着很大的不同。而霍布斯之所以认为自然状态中的人都是具有攻击性的恶人，是因为他认为"人没有任何善的观念，便认为人天生是恶人；因为人不知道什么是美德，便认为人是邪恶的"。① 换言之，没有区别心的人就是恶人。实际上有区别心的人就会有欲望，有欲望就可能使人作恶。例如看到他人富有而受人羡慕，其他人纷纷效仿而陷入对金钱的渴望和追逐，一个拜金主义社会必然是一个罪恶的社会，这是霍布斯没有看到的。区别观念产生了，嫉妒心和虚荣心也跟着来了，人与人之间的为了高人一等的竞争也就展开了。

在霍布斯笔下，自然状态中的人毫无同情心和怜悯心，极端自私和冷酷。这与马克思在《共产党宣言》中对资本的贪婪和残酷以及资本主义社会中人与人之间冷冰冰的、赤裸裸的金钱关系的描述非常相似。卢梭则认为，怜悯心是人的天性，是人的自然情感，人天生就有一种不愿意看见自己同类受苦的厌恶心理。这种天性在动物身上也时常能够被看到，连马都不愿踩着一个活的生物的身体跑过去，在这种情况下如果人没有怜悯心，就会被认为禽兽不如。野蛮人和动物都有自爱心，即自我保存的本能或天然激情，这种自爱心使野蛮人只知道照顾自己。而正是这种天然的情感——怜悯心——缓和了野蛮人只知道照顾自己的自爱心，即使身强力壮的野蛮人也不去抢夺体弱的孩子或者老人辛苦获得的东西，怜悯心使他们互相保存。即使那个极力赞美"私恶"——善事不是故意做出来——的曼德维尔也承认，如果没有怜悯心，即使拥有美德的人也是一个"怪物"。如果同情和帮助他人不是自发的天性使然，而是冷静的理性算计出来，这确实是可怕的事情。

阻止野蛮人作恶的除了对恶的无知和拥有怜悯心这种天然的情感，卢梭认为还有一个重要因素，这个因素就是野蛮人欲念的平静，在另一处卢梭说野蛮人的欲望的冲动是"那么的少"，仅限于自己的生存所必需。这并不像霍布斯所说的那样，人的欲望是无止

---

① ［法］卢梭：《论人与人之间不平等的起因和基础》，李平沤译，商务印书馆2015年版，第74页。

境的，卢梭认为这是文明人的特征；因为在人群中，人们所拥有的东西在与他人的比较中永远会被相对化，在这种情况下，高人一等的欲望怎么会停息？卢梭认为霍布斯的错误是"把为了满足许许多多欲望而产生的需要，与野蛮人为了保护自己的生存而产生的需要混为一谈了；其实，这些欲望乃是社会造成的，而且，正因为人的欲望丛生，才使法律成为必要的东西"①。永远无法满足的欲望和贪婪是社会在人的心中培植起来的，而不是人的自然而然的原始情感。社会是如何在人的心中培植起丛生的欲望？卢梭的回答是人从孤独走向合群，"在使人变成合群的人的同时，也使人变成了邪恶的人"。卢梭似乎找到了人的"原罪"的根源，不是上帝，而是社会，是（某种类型的）社会环境使人变坏的，而不是人性本身就是恶的。无论是人性善，还是人性恶，都带有宿命论的色彩，只有通过选择而为善，善对人才有意义。

三 从自然走向社会的构想：看人是如何走向堕落的

从孤独走向合群就是从自然状态走向社会状态的过程，在这一过程中，人的各种社会欲望逐渐被培植起来。卢梭的推理是这样展开的：合群使人与人之间反复接触，通过对比在头脑中形成了反映差别的关系概念，例如大与小，强与弱，贫与富，美与丑，高与低，聪慧与愚钝，等等，由此也就产生了偏爱心。那些受到最多关注的人成为人们羡慕的对象，他们身上能够引起他人注视和羡慕的资质成为人们竞相效仿的对象，希望早日具备这些资质或假装具有这些资质，因为在人群中没人希望被轻视，都希望自己受到别人的注视。这种强烈的自尊心或者说是爱面子的虚荣心使人产生了高人

---

① ［法］卢梭：《论人与人之间不平等的起因和基础》，李平沤译，商务印书馆 2015 年版，第 74 页。

一等的狂热。卢梭写道：这种追求名誉、地位和特权的普遍的欲望刺激我们的贪心并使我们的贪心愈来愈多，使所有的人互相竞争，彼此敌对，甚至成为仇人。"正是由于人们有这种力图使自己得到别人夸赞的强烈欲望，有这种几乎使我们终日处于疯狂状态的出人头地之心，所以才产生了人间最好的事物和最坏的事物：我们的美德和恶行，我们的科学和谬误，我们的蛊惑家和哲学家，都是由此产生的，这就是说，从少量的好事中产生了一大堆坏事。"①

人的社会化过程伴随着不平等的深化，而不平等的深化也在加剧人的欲望和贪婪。从自然状态走向社会状态的第一次变革是家庭这个"小型社会"的出现。由于需要很有限，还发明了满足这些需要的工具，使野蛮人有了闲暇时间，闲暇时间多了就追求舒适享受，时间一久就成了习惯，原先的兴味失去了，追求舒适享受就不是闲暇时间的事情，而是变成了不可或缺的真正的需要，这种需要得不到满足就会感到痛苦，得到了也不怎么感到幸福。有了固定的住所，为野蛮人互相接近从而结成不同群体创造了条件，"彼此长时间的毗邻而居，难免不使不同的家庭之间发生某种联系"。频繁的交往，使人们有机会对不同的交往对象进行"观察"和"比较"，偏爱心由此而产生。"唱歌或跳舞最棒的人，最美、最壮、最灵巧或最善言辞的人"，格外受人偏爱，受人尊重。这是走向人与人之间不平等的开头的第一步。这种偏爱心使人产生"虚荣心"、"羡慕心"和"羞耻心"。大家都希望受到尊重，害怕被轻视，任何故意伤害人的行为，都将被看作一种存心凌辱，是对被伤害者人格的轻视，这是令人难以忍受的，报复心由此而产生，孤独时的平静心消失了，"适用于纯自然状态的善良之心，已不再适用于新产生的社会"②。

---

① ［法］卢梭：《论人与人之间不平等的起因和基础》，李平沤译，商务印书馆 2015 年版，第 118 页。
② ［法］卢梭：《论人与人之间不平等的起因和基础》，李平沤译，商务印书馆 2015 年版，第 95 页。

从自然状态走向社会状态的第二次变革是冶金和农耕技术的发明。对土地的耕耘导致土地的被分割，土地的被分割又导致私有权的产生，人们之间开始有了"你的"和"我的"的观念，公正感随之产生。初期的公正规则只承认私有财产的劳动来源，"这条法则之所以符合自然，是由于不可能设想除了自己双手的劳动以外，私有财产还有别的来源，因为，凡不是自己创造的东西，除了给它添加自己的劳动以外，就不能把它据为己有"[1]。在这种新的环境下，平等不久就被打破了，身体强壮的人、头脑聪明的人、手灵巧的人得到更多的收益。即使大家付出的劳动是一样的，收入也不一样，有的人挣得比别人多，有的人连糊口都困难，人群中有了穷人和富人之分。这样，自然的不平等随着人与人之间的联系而不知不觉地产生了，人与人之间的差别也变得日益明显，这种差别开始影响和摆布人的命运。"每个人的地位和命运，不仅建立在财产的数量和为他人效劳或损害他人的能力上，而且还建立在天资、容貌、体力、技巧、功绩和才能上。只有靠这些资质，才能赢得他人的敬重。"[2] 基于私有财产的不平等的发展造成了卢梭称之为"灾难性"的后果：第一个后果就是使人失去个性，不敢表现真正的自己，人们把真实的自我隐藏起来，以"伪自我"——戴着假面的我——面目出现，简单来说，就是以大家都认同和喜欢的方式来表现自己："如今人们的兴趣是假装成他原本不是的那种样子。'本来就是'和'看起来是'成为两种完全不同的东西，于是从这种区别中产生了傲慢的虚荣和欺骗伎俩，数不清的罪恶也开始相继上演。"[3] 第二个后果是人失去了独立和自由，开始依赖于自己的同

---

[1] [法] 卢梭：《论人与人之间不平等的起因和基础》，李平沤译，商务印书馆2015年版，第98页。
[2] [法] 卢梭：《论人与人之间不平等的起因和基础》，李平沤译，商务印书馆2015年版，第99页。
[3] [法] 卢梭：《论人类不平等的起源》，高秀娟译，上海三联书店2009年版，第59页。

类，受制于自己的同类，也就是人身依附关系开始产生。尽管人们都知道黑格尔的主奴辩证法，但是卢梭才是主奴辩证法的最早阐述者，如果没有卢梭，可能我们在黑格尔那里看不到主奴辩证法。卢梭说："即使他成了他们的主人，但从某种意义上看，他也是他们的奴隶；如果他是富人，他就需要他们的服侍；如果他是穷人，他就需要他们的帮助；即使他不富也不穷，他也不能离开他们。因此，他必须不断使他们对他的命运表示关心，使他们实际上或表面上感到为他效劳对自己是有好处的。"在卢梭那里，主奴辩证法演绎的是人的虚伪和狡诈，粗暴和冷漠。① 第三个后果是刺激了人的野心，在嫉妒心的驱使下，人们对财富的渴望，不是出于真正的需要，而是为了显示自己高人一等。在卢梭看来，以上这些灾祸，都是私有制造成的，也是与新出现的不平等现象分不开的。不平等和差别使人产生嫉妒心，嫉妒心又激起人的野心。随着平等状态被打破，人的天然的怜悯心和微弱的公正的声音也被扼杀，竞争和利害冲突使人人都暗藏损人利己之心。霍布斯所说的"狼人"之间的战争并没有出现在卢梭的自然状态中，而是发生在卢梭的私有制基础上的不平等社会中：富人强取豪夺，穷人到处劫掠，强者和先占者无休止地冲突。

在霍布斯那里，战乱纷争状态结束于利维坦——君主专制——的建立，人们让渡了自己的全部权利和力量。而在卢梭那里，战乱纷争结束于富人对穷人撒的一个弥天大谎，富人对穷人说：大家斗来斗去，无论是对富人还是对穷人都没有安全感可言，让我们团结起来，保障每个人都拥有属于自己的东西，让我们制定一些保证公正和安宁的规章，让强者和弱者都互相承担义务，以便在某种程度上补偿不幸的命运造成的意外损失。富人与穷人达成一些协议和规章，保障人们已经拥有的东西，实际上就是让穷人承认富人财富的

---

① ［法］卢梭：《论人与人之间不平等的起因与基础》，李平沤译，商务印书馆2015年版，第100页。

合法性，以及穷人对富人依赖的正当性。富人欺骗穷人同意制定的规章法律承认了私有财产和不平等的合法性，穷人们今后不能再像过去那样掠夺他们的财富。卢梭惊呼：落入圈套的人们"争相向锁链那里走去，还以为这样就可使他们的自由得到保障。尽管他们有足够的理由感到一种政治制度的好处，但他们没有足够的经验觉察其中的危害；而能预料到其中的弊端的，恰恰是那些想利用这些弊端谋取好处的人"①。以这种方式建立的社会和法律"给弱者戴上了新的镣铐，使富人获得了新的权力，……把巧取豪夺的行径变成了一种不可改变的权利，此外，还为少数野心家的利益，迫使所有的人终日劳苦，陷于奴役和贫苦的境地"②。卢梭在这里暗示寄希望于富人的仁慈和良心发现是解决不了社会不平等问题的，更何况富人是不会良心发现的。蒙昧的大众需要启蒙，恢复他们在自然状态中的野性自由，为革命做准备。卢梭一连串的令人眼花缭乱的推论，就是想让人们认清自己的现实处境，告诉人们：你们"本来"不是这样的！

  人"本来"是什么样的？从社会已经不能找到答案，必须搁置人身上的社会性存在，使其返于自然状态，卢梭通过返回自然状态来探寻人本有的形象。在卢梭那里，自然状态不能被理解为人曾经存在过的状态，即文明社会之前的原始状态。这个问题与历史无关，尽管其以貌似历史的形式出现。卢梭说：自然状态是一种"不再存在，也许从未存在，可能将来也不会存在"的状态。把人从社会状态还原到自然状态，并推论人是如何从自然状态走向社会状态，这不是为了揭示人类社会的起源的真相，而是为了通过有条件的假想和沉思来阐明事物的性质。"切莫把我们在这个问题上阐述的论点看作是历史的真实，而只能把它们看作是假设的和有条件

---

① [法]卢梭：《论人与人之间不平等的起因和基础》，李平沤译，商务印书馆2015年版，第103页。

② [法]卢梭：《论人与人之间不平等的起因和基础》，李平沤译，商务印书馆2015年版，第104页。

的推论,是用来阐明事物的性质,而不是用来陈述它们真实的来源,这和我们的物理学家在宇宙的形成方面每天所做的推论是相似的。"①

返回自然状态来探寻人的本性,说明卢梭没有把人看作社会的动物,最起码卢梭没有把社会性看作人的内在构成性。在卢梭那里,社会不是自然而然产生的,社会不是人的自然需要,而是意外的、人为的。卢梭之所以同源自亚里士多德的思想传统——认为人天生是一种社会动物——唱反调,是因为他认为社会造成的不平等使人处于相互依赖和隶属关系之中,从而使人失去了独立性。卢梭把不平等分为三个阶段:随着私有财产权确立出现的是富人与穷人的区分;随着行政官的设置出现的是强者与弱者的区分;随着把合法的权力变为专制的权力出现的是主人与奴隶的区分。在由财富、身份或地位、权势和个人的才能方面的差异所造成的不平等中,地位的不平等是其他不平等的根源,而其他不平等都可以归纳到财富的不平等,因为财富可以用来购买一切。主人与奴隶的不平等是不平等的最高峰,奴隶没有独立人格,卢梭认为主人也没有独立人格,依赖于奴隶的主人更是奴隶。因财富、身份、权力的差异所造成的不平等激发了人们对财富、身份或地位以及权力的普遍欲望。社会在人身上培植起来的种种欲念淹没了人的良心的呼声。人只有在独立的时候,在内心不受外物纷扰而处于宁静状态时,才能听到良心的呼声,卢梭说良心是"腼腆"的,喜欢"独处"和"幽静"。

卢梭之所以同源自亚里士多德的思想传统唱反调,是因为卢梭认为社会把人"一拉平",使人仿佛都是从一个模子铸造出来的。社会有"削平一切"的倾向,"社会总是要求它的成员像一个大家

---

① [法]卢梭:《论人与人之间不平等的起因和基础》,李平沤译,商务印书馆2015年版,第49页。

庭内的成员一样行动，只有一种意见、一种利益"①。这是为了促进社会共同体的团结和统一，但卢梭认为这是为了使人心变得狭隘而便于奴役。卢梭认为社会的"一拉平"倾向使社会风气中流行着一种"邪恶而虚伪的一致性"，它使人丧失本真性，变得虚伪做作，即人"看起来是"和"实际是"不一样。社会使人们处于同样的环境，做着同样的事情："礼节不断地在强迫着我们，风气又不断地在命令着我们；我们不断地在遵循着这些习俗，而永远不能遵循自己的天性。我们再不敢表现真正的自己。"②为了迎合社会的习俗，人们把自己伪装起来，使人的外表与心性出现反差："如果外表永远是心性的影像，如果礼貌就是德行，如果我们的格言真能成为我们的指南，如果真正的哲学是和哲学家的称号分不开；那么生活在我们中间将会是多么美好啊！然而这么多的品质是太难汇合在一起了，而且在大量的浮夸当中德行是很难于出现的。"③在卢梭看来，德行是灵魂的力量与生气，当人们不能倾听自己，而去迎合外在的要求，就会使人变得表里不一。卢梭说：在文雅——文明的依据——的背后隐藏着的是怀疑、猜忌、冷酷、仇恨和背叛。在卢梭看来，戴着假面的人是不可能有德行的，因为他不敢勇敢地面对；善良的人是坦荡的，善良的人是"赤身裸体上阵的运动员"。这就是说，只有发自内心的善良才是真正的善良，如果为善是为了博得好名声，使自己从中获益，那么这就是伪善。卢梭说为善不能单凭理智，还需要情感，因为理智虽然能使人区分善恶，但是却不能使人爱善，认知（理智）不等于喜爱（情感）。正如费希尔所说，依靠逻辑推理从来不能使人喜欢一件事物，说的就是内在情感认同的重要性。

---

① ［美］汉娜·阿伦特：《人的境况》，王寅丽译，上海人民出版社2009年版，第25页。
② ［法］卢梭：《论科学与艺术》，何兆武译，商务印书馆1963年版，第9—10页。
③ ［法］卢梭：《论科学与艺术》，何兆武译，商务印书馆1963年版，第9页。

四　返于自然状态的应然道德诉求：
高扬人性的卓尔不群

卢梭所返回的自然状态就是人的本真存在状态，所谓本真存在状态就是人能够遵循自己的天性，使真正的自己得以表现的状态。本真存在的人是一个忠实于自己的人，我们做正确的事情，不是通过屈服于外界的压力，而是倾听来自灵魂的内在的声音。本真性问题起源于18世纪关于"道德直感"的思想，这种思想认为，人类天生具有一种理解对错的道德直感，这种感受是一个内部声音。我们读卢梭的《爱弥儿》可知，卢梭把人的这种天生就具有的判断对错的内部声音称为"良心"。为了证明良心的先天性，卢梭说良心不是判断，而是感觉，并把良心称为"天良"，即"天国的声音"。卢梭认为：我们的好善厌恶之心也是天生的，"在我们的灵魂深处生来就有一种正义和道德的原则；尽管我们有自己的准则，但我们在判断我们和他人的行为是好或是坏的时候，都要以这个原则为依据，所以我把这个原则称为良心。"[①] 良心是感觉，是先天的，那么理性呢？理性是后天社会环境下形成的，理性不是感觉，是分析、对比、判断。卢梭认为理性不是人类真正的向导，理性欺骗我们的时候太多了，必须对其表示怀疑。可能是因为这个原因，查尔斯·泰勒把本真性问题与浪漫主义联系起来，认为它是浪漫主义时期的一个儿童。在卢梭那里，本真性就是与我们内在的道德感保持接触，当这种接触具有独立的和决定性的道德意义时，道德重音的移位就发生了，"它成为我们为了成为真正的和完整的人而非获取不可的东西"[②]。

[①]　[法] 卢梭：《爱弥儿》下卷，李平沤译，商务印书馆1978年版，第414页。
[②]　[加] 查尔斯·泰勒：《本真性的伦理》，程炼译，上海三联书店2012年版，第33页。

第三章 返于自然状态：为了"生而自由"

自然状态是人的本真性存在状态，自然人就是卢梭所说的那个忠实于自己、与自身保持真实的道德接触的人。从社会状态返回自然状态是卢梭在思想中展开的一场人类道德解放运动，人在自然状态恢复自由，恢复本真性。自然状态就成为人的应然存在状态的试验场，它的正式登场要等到社会契约的签订。卡希尔认为，"卢梭关于自然状态的描述并不是想要作为一个关于过去的历史记事，它乃是一个用来为人类描画新的未来并使之产生的符号建筑物。在文明史上总是由乌托邦来完成这种任务"①。社会秩序具有强制力，而自然状态是一种无统治的、没有来自法和国家限制的自由状态。在霍布斯那里这种无统治状态演化为一场丑恶、肮脏的冲突和战争，然后由丑恶的怪兽"利维坦"——集权政府——来收场，恢复秩序，条件是所有人失去自由。由此可见，自由并不是容易获得的，它对人性提出非常高的要求，肆意妄为的自由换来的就是强权统治。无统治的自由和谐状态是卢梭的美好追求，这种自由的实现必须打破霍布斯对自由下的魔咒。为此，卢梭给自己设定了一个终生不渝的目标：高扬人性的卓然超拔！从而使人认识到自身的使命。

在卢梭看来，社会已使人性"败坏"，身处人群之中被社会习俗所同化的人看不到自身的卓尔不群之处。卢梭把自身首先变成卓尔不群的人，为此他过着远离社会的离群索居的生活，以防止自己被社会习俗偏见所同化。"卢梭在他的《忏悔录》和通信中一再表示过，当他仿佛要从人群中分袂暌离时，竟感到自己从未如此热烈地爱着他们。当与人们结交应酬的时候，由于社会习俗的压迫，卢梭找不到可以为他所爱的人类天性。"② 正所谓"不识庐山真面目，只缘身在此山中"，远离社会不是逃避，而是为了找到一个可以更

---

① [德] 恩斯特·卡西尔：《人论》，甘阳译，西苑出版社 2004 年版，第 94 页。
② [德] 卡希尔：《卢梭·康德·歌德》，刘东译，生活·读书·新知三联书店 2002 年版，第 14 页。

好地观察社会及人群的"阿基米德点"。卢梭的离群索居给他的生活带来了麻烦，也遭到了一些人的冷嘲热讽。狄德罗在《论自然》中有一句暗讽卢梭的话：只有罪人才渴望与世隔绝。卢梭坚信，"不从社会中逃离，就不能效力于它，就不能向它奉献出他原可奉献的东西"①。自然状态中的那个孤独而富有怜悯心的野蛮人就是卢梭的自画像，卢梭就是那个自然状态中的野蛮人。追求独立精神既体现在卢梭的思想中，例如卢梭在《爱弥儿》中主张教育应唤醒受教育者的独立意识，又体现在卢梭的行动中，例如卢梭拒绝接受英格兰国王赐予的年金，因为他害怕影响自己的独立的精神。卢梭发现："当他戴着精致的假发、穿着高筒袜、系着金色饰带的时候，他不可能真正懂得'自然人'。而当他做财政出纳员的时候，他也不可能谈到真正的个人独立。"②卢梭把自己的信仰与自己的生活方式统一了起来，这就使他与同时代的其他启蒙思想家格格不入。

在卢梭那里，从社会状态返于自然状态不是像伏尔泰所理解的那样是为了把人引回蛮荒，拉向倒退，而是为了凸显人的天性的卓然超拔。卢梭对人性的尊重使其自由思想充满道德理想主义色彩。在卢梭看来，自由是上天赐给人的最好的礼物，人是为自由而生的；自由是做人的资格，如果放弃自由，就等于放弃做人的资格，就是对人的人格的贬低。奴隶制是伤人的天性的，说奴隶的孩子生下来就是奴隶，这等于说人生下来就不是人。人与动物都受大自然的支配，区别在于人不像动物那样只能被动地适应自然，人能认识到自己是自由的，可以接受也可以拒绝自然的支配。

那么什么是自由？自由在卢梭那里，就是"做回我自己"，按照自己的意志行事，我的自由在于"我只能希求适合于我的东西，

---

① [德]卡希尔：《卢梭·康德·歌德》，刘东译，生活·读书·新知三联书店2002年版，第10页。
② [美]威廉·H.布兰查德：《革命的道德》，戴长征译，中央编译出版社2004年版，第26页。

或者在没有他人的影响下我估计是适合于我的东西"①。自由在于我的意志不受我的感官欲念的影响，但它却接受我的良心的指导，"我之所以自由，是由于我的良心的忏悔"②。感官听命于欲念，意志听命于良心。欲念是肉体的声音，良心是灵魂的声音；欲念接受外界的诱惑，良心则始终保持自我，不盲目从众，不人云亦云。盲目从众是集体无意识的一种表现，它使人即使做错事也无恐惧和悔改心，因为舆论分摊到每个人头上已经变得微乎其微，这属于挟众自安。从众使人习惯于接受外界向他发出的要求和主张，而唯独不能听从自己，因为人已经失去自我和独立意识。而要做到不盲目从众就要保持良心自由，在大家都说"是"的时候，能够说"不"，这需要有一颗勇敢的心。人只有与自身保持内在的接触，而不是按照外界事物的刺激行事，才能产生这种独立意识和自由感。始终坚持自我，不向偏见和权贵低头，听命于良心的人也就是具有个性和独立精神的人。

卢梭通过对比文明人与野蛮人，认为野蛮人和文明人在心灵深处和天性的倾向方面是如此的不同：

——野蛮人具有自爱心，文明人具有自尊心。卢梭把人的欲望分为自然的欲望和社会的欲望，自然的欲望是符合人的本性的欲望，它是有限的，"它们是我们达到自由的工具，它们使我们能够达到保持生存的目的"③。而社会的欲望不是人固有的，是从外部加到人身上的，在卢梭看来这是违反人的本性的。自爱心是人的内在的、原始的自然欲望，卢梭把自爱心称为人性的首要法则：对于自身所应有的关怀，即为了维护自己的生存而对自身表现出来的关爱。自爱心是我们第一个最重要的责任，自爱心使人关心自己，远离使他感到为难和痛苦的事物。卢梭认为自爱心不同于自私心。自

---

① [法] 卢梭：《爱弥儿》下卷，李平沤译，商务印书馆1978年版，第401页。
② [法] 卢梭：《爱弥儿》下卷，李平沤译，商务印书馆1978年版，第400页。
③ [法] 卢梭：《爱弥儿》上卷，李平沤译，商务印书馆1978年版，第288页。

爱心作为自然的欲望,它仅限于满足自己的真正的需要,当这种真正的需要得到满足,人就会感到满足,我们也可以说自爱心使人知足。拥有自爱心的人爱憎分明,对能够保持我们的生存,促进我们幸福的人,我们充满感激和爱意,并去促进和帮助他人的生存和幸福,而对损害我们生存的人,我们就憎恨他。也就是说自爱心使人把爱人与爱己融合在一起,从而使人变得"敦厚温和"。而自私心是社会在人心中培植起的欲望,自私心促使人同他人进行比较,因此永远也不可能使人满足,自私使人贪得无厌。自私心使人眼中只有自己,而不顾别人;他只想夺取,而不想回馈,外在世界对自私的人来说只有利用价值。也就是说自私心使人把爱人与爱己对立起来,从而使人变得"偏执嫉妒"。"敦厚温和的性情是产生于自爱,而偏执嫉妒的性情是产生于自私。因此,要使一个人在本质上很善良,就必须使他的需要少,而且不事事同别人进行比较;如果一个人的需要多,而且又听信偏见,则他在本质上必然要成为一个坏人。"①

自爱心在卢梭那里是一个褒义词,被卢梭视为一切美德的源泉。自尊心则被卢梭视为一个贬义词,自尊心是只有在人与人之间进行比较的时候才会出现,即通过他人来确定自己的位置;高人一等会使人产生满足和虚荣心,而矮人三分会使人生成嫉妒心,从而导致对他人的仇恨和对自己的不满,虚荣心使人要么贬低他人,要么贬低自己。在这种情况下,人是不能以理性平和的心态对待人与事的。在社会中,人获得尊重实际上不是因为人本身,而是与其本身无关的东西,例如财富、身份、地位和权势等外在的因素,这种尊重是建立在对人的高低贵贱分别基础上的。也就是说使人不懈追求的东西,使人艳羡不已的东西不是人本身所固有的,不是他的美德和智慧,而是来自文明创造的修饰物,这样的修饰物被卢梭称为

---

① [法]卢梭:《爱弥儿》上卷,李平沤译,商务印书馆1978年版,第291页。

点缀在束缚人们的枷锁之上的花冠。这犹如我们欣赏一只鸟儿,不是欣赏它的羽翼,而是欣赏关着它的笼子和牵绳。在社会存在不平等和差异的情况下,这种自尊心就会蜕变为高人一等的狂热,使人变得贪婪、虚荣和狡诈。卢梭因此而把自尊心看作一切罪恶的源头,正如怜悯心是一切美德的源头。

——野蛮人向往宁静和自由,文明人奔波忙碌,以能当奴隶为骄傲。卢梭认为野蛮人的悠闲即使是斯多葛学派哲学家的"清心寡欲"也无法比拟。斯多葛学派强调"忍耐与超脱",淡泊名利。斯多葛学派哲学家的忍耐与超脱是一种的"无奈"的智慧,带有宿命论的色彩。其推论如下:我们不可能控制的事情终究会发生,害怕是没用的,我们要顺其自然,坦然面对;"我们不可能控制所有的事情,但是我们能够控制我们对所发生的事情的态度"。例如,"我不能逃避死亡,但是我能逃避对死亡的恐惧"[1]。斯多葛学派哲学家对无可奈何的事物采取的不是漠然态度,而是一种不失体面的顺应态度。前者是野蛮人的态度。先有对死亡的惧怕,才出现逃避对死亡的惧怕的智慧,这只是对自己的安慰。而野蛮人压根没有死亡的观念,更谈不上逃避了。"自由自在地生活和对人间的事物毫无挂虑,这就是懂得怎样死亡的最好方法。"[2]

与野蛮人相反,文明社会里的人终日忧心忡忡,忙碌奔波,揣着一颗永不满足的心。卢梭为此而做的描述入木三分,令人印象深刻:"在喧嚣的世界中,他被这些欲念弄得激动不安,他每天晚上都带着不安的心情回家,对自己不满意,对别人也不满意;他睡觉中也在反来复去地凭空打算,被千百种奇奇怪怪的想法弄得心绪不安,他傲慢的心在梦中给他描绘出他一生如饥如渴地期望而不可能得到的虚幻的财富。"[3] 为了满足自己的欲望,甚至不惜投机钻营,

---

[1] [美] S.E. 斯通普夫、J. 菲泽:《西方哲学史》,匡宏等译,世界图书出版公司2009年版,第95页。
[2] [法] 卢梭:《爱弥儿》上卷,李平沤译,商务印书馆1978年版,第284页。
[3] [法] 卢梭:《爱弥儿》上卷,李平沤译,商务印书馆1978年版,第316页。

出卖良心。"他们憎恨大人物,可是又去求大人物的恩宠;他们看不起富人,可是又去求富人的帮助;为了得到为权贵与富人效劳的机会,竟不惜一切代价去钻营;他们低三下四,去寻求那些人的保护,不但不以为耻,反而引以为荣,以能当奴隶为骄傲,甚至以不屑一顾的口气谈论那些没有机会与他们分享这份'体面'的人。"① 野蛮人与文明人之间这一差别产生的原因是野蛮人自己过自己的生活,而不是活在别人的意见中。也就是说野蛮人活在他自身,活在自己的世界里;他既没有攀比心,也没有虚荣心,不用在乎别人的看法,他的欲望仅限于自己的真正的需要。人的需要有两种,一种是真正的需要,即满足自己的自然欲望的需要,这种需要是有限的,满足了,欲望就会停止,例如口渴喝水,饿了吃饭。在满足这种需要上,富人和穷人没有什么区别。另一种需要是为了凸显自己的与众不同,以满足自己的自尊心,即作为自己身份、地位和财富标签的需要;这种需要无法被满足,因为人拥有的这些东西在与他人对比中极容易被相对化。所以当野蛮人不合群的时候,他就没有为了满足自己自尊心而无法满足的欲望。如果人的自尊心促使人变得虚荣和贪婪,那么卢梭说自尊心使人邪恶,这一点都没有错。

  如果说野蛮人活在他自身,没有虚荣心,那么文明人则生活在别人的意见之中:自己生活幸福不幸福,自己活得有意义没意义,不是看自己的感受,而是看别人对自己的评价。文明人没有"做回自己",而是"外在于自己",外在于自己的人离开他人的判断就失去存在感。在弗洛姆那里,文明人的非本真性存在现象,被称为自体实证的"市场指向",正如商品能否出售以及能否卖上好价钱,不是由所有者自己说了算,而是必须交由市场和公众来评判,在市场指向中,自我实证的获得是靠别人对他的看法。"市场指向

---

  ① [法] 卢梭:《论人与人之间不平等的起因和基础》,李平沤译,商务印书馆 2015 年版,第 122 页。

中所必须获得自体实证并不是依据他的自我而是依据别人对他的看法。他的声望、地位、成就，以及其他人知道他是某种人的事实代替了真正的自体感。这种情境使他完全依靠于其他人对他的看法，而且迫使他继续扮演着曾经一度成就的角色。"[1] 自体实证的"市场指向"实际上就是社会的同化倾向使人的行为日益"规格化"，个性在社会中越来越难以被接纳和容忍。海德格尔把这种按照别人意见生活的人称为"常人"。海德格尔把人的社会性存在称为"共在"的存在，这种共在的存在使人与他人纠缠在一起，"人本身属于他人之列"，"本真性"在"常人的独裁"中消失不见："这样的共处同在把本己的此在完全消融在'他人的'存在方式中，而各具差别和突出之处的他人则更是消失不见了。……常人怎样享乐，我们就怎样享乐；常人对文学艺术怎样阅读怎样判断，我们就怎样阅读怎样判断；竟至常人怎样从'大众'抽身，我们也就怎样抽身；常人对什么东西愤怒，我们就对什么东西'愤怒'。"[2] 如果说良心就是真正自我的心声，那么本己的此在的消融则意味着人很难再听到这种心声。这种声音之所以越来越微弱，是因为人缺乏听从自己的能力。在现代社会，听从自己变得越来越难，我们会听从每一种呼声和每一个人，却不会听从自己。"听从自己之所以如此困难，是因为这一艺术需要另一项现代人罕有的能力：自我独处的能力。事实上，我们对于孤独自处具有一种恐惧感；我们宁可有一个最平庸甚至令人厌恶的同伴，宁可参与最无意义的活动，也不愿意独处。"[3] 我们已经进化成合群的文明人，再也回不到自然状态，我们只能在那个不合群的离群索居的卢梭的书中看到这种

---

[1] [美] 艾·弗洛姆：《自我的追寻》，孙石译，上海译文出版社2012年版，第61页。
[2] [美] 马克·拉索尔：《向着大地和天空，凡人和诸神——海德格尔导读》，姜奕晖译，中信出版集团股份有限公司2015年版，第67—68页。
[3] [美] 艾·弗洛姆：《自我的追寻》，孙石译，上海译文出版社2012年版，第139页。

状态。

——野蛮人向往自由，文明人则喜欢枷锁。卢梭说：人生而自由，却无往不在枷锁之中。说"人是为自由而生的"，这不是事实判断，而是应然判断，即我们应当把人看成这样。"应当"要求我们不能因果归纳式地看待人，即因为人现在不自由，所以归纳出人的天性是不自由的。对人的天性的看法不是一个生物学问题，也不是一个物理学问题，而是一个哲学问题。正如卢梭所说，我们不应当看到眼前的人在忍受奴役，就说人有天然的奴隶倾向，而看不到人类对自由的热爱。卢梭反对以阴郁的目光来看待人性，我们应以"应当"来评判"事实"："我们不应当根据被奴役的人民的堕落，而应根据所有一切自由人民为反抗压迫而创造的壮丽事业，来评判人的天性是赞成还是反对奴役。"卢梭说人无往不在枷锁之中，这显然是事实判断，只要你不是极端的个人主义者和无政府主义者，就得承认：自由不是无拘无束、完全独立。为了保障他人自由而限制自己的自由是合理的，显然卢梭不是在这个意义上来理解"枷锁"的。这个枷锁主要是指在政治和道德意义上的使人陷入奴隶状态的制度建构，主人与奴隶关系的确立被卢梭视为不平等的顶点。面对枷锁，野蛮人宁可牺牲生命，也要保护他们的唯一财产——自由，"他宁可要狂风暴雨中的自由，也不愿意要和平安宁中的奴役"[1]。就像高尔基笔下那只在乌云和大海之间，高傲地飞翔着的勇敢的海燕。

面对枷锁，文明人则毫无怨言地接受，文明人已经习惯了束缚，他们喜爱自己被奴役的状态，就像是一匹乖乖地忍受鞭打的被驯服的马。"君主剥夺臣民，被认为是正当的权利；他让他们有一碗饭，竟被认为是君主的施恩。"[2] 文明化就是对人的野蛮性（自

---

[1] [法] 卢梭：《论人与人之间不平等的起因和基础》，李平沤译，商务印书馆 2015 年版，第 109 页。

[2] [法] 卢梭：《论人与人之间不平等的起因和基础》，李平沤译，商务印书馆 2015 年版，第 109 页。

然性）的驯化，文明化要求人去掉棱角，按照文明社会的要求来装扮和塑造自己。在文明人的眼中，个性并不是一个招人喜欢的字眼。这就是离群索居的卢梭屡屡遭到误解甚至攻击的原因。

野蛮人在卢梭那里实际上就是被启蒙了的反抗剥削和压迫的潜在的革命者，革命的启蒙就是让人们把自身现实处境看成是无法忍受的。普通人在现实生活中追求身份、地位和财富，也就是追求事业成功，希望得到别人另眼相看和尊重并没有感到有什么不妥。马尔库塞在《单向度的人》中说现代人已经失去批判意识，因为他们越是过得舒坦就越觉得自由没用；在物质丰盛的社会，人已经失去个性，一心追求享受。可是这一切在卢梭眼中都成了灾难，这就是革命启蒙思想所要达到的目的。卢梭启蒙的对象是那些生活在社会底层的人，他把那些来自社会底层的人看作具有野蛮人的潜质，因为他们除了自由，就没有什么怕失去的东西，而富人们对自己的财富却整天担惊受怕。在卢梭看来，社会底层的人活得真实，并富有正义感。"人民是表里一致的，所以不为人所喜欢；上流社会的人物必须要戴上一付假面具，否则，如果他们是怎样的人就表现怎样的面目的话，那会使人十分害怕的。"[1] 在社会动荡不安时，奔赴现场的总是"平民"，挺身而出的往往是"市井小民"。

从普通人身上看到人性的伟大，这就给历史上那些蔑视底层大众和民主的思想以有力的回击。历史上的集权专制思想往往把底层大众看作是具有道德和认知缺陷的需要救治的"病人"，而把统治者看作美德和智慧的"化身"，并搬出"出身血统论"和"上天意志论"来为自己证明。例如，柏拉图把统治者看作是金质的人，守卫者是银质的人，而社会底层的劳动者是铜质和铁质的人，所谓正义就是各司其职，安分守己。这就是说人出身就有高低贵贱之分，统治者出身高贵，他们是智慧的化身，统治者对智慧的使用具

---

[1] ［法］卢梭：《爱弥儿》上卷，李平沤译，商务印书馆1978年版，第310页。

有自由裁量权。理解柏拉图的洞穴比喻，必须从他作为知识贵族的哲王统治思想出发，他们把自己扮演成真理掌握者，是屈身下降到洞穴中引领"无知"的民众从黑暗走向光明的"救世主"。民众在柏拉图眼中缺乏理解力，轻信且反复无常。柏拉图反对把挑选统治者的权力交给大众，也就是反对把权威建立在民众的同意基础上。列奥·施特劳斯认为，反对以同意作为权威的基础是古典自然权利论的观点，按照古典自然权利论，智慧优先于同意，如果把权威建立在同意基础上，就会影响和阻碍统治者智慧的自由发挥，这是荒诞不经的。"如若要使明智者的统治依赖于不明智者的选举或同意，那就是将本性较高、适于统治的人屈服于本性较低的人，那就是违背了自然。……那些庸庸碌碌的芸芸众生必须认识到明智者就是明智者，并因为他们的智慧而自愿服从他们。"①

　　启蒙运动摒弃了古典自然法思想，宣扬平等主义的自然法思想，这一思想主要体现在人权的主张中。所谓人权就是只要作为人就应当具有的权利，尊贵还是卑贱，富有还是贫穷，这些对作为人的权利的获得来说都是无关紧要的东西。人权思想与自然状态的论证模式密切相关，这一方面是为了通过搁置人的身上的社会性存在而把人还原为平等状态，作为抽象的人的平等；人生而平等，是社会把人变得不平等："人并非生来就一定能做帝王、贵族、显宦或富翁的，所有的人生来都是赤条条地一无所有的，任何人都要遭遇人生的苦难、忧虑、疾病、匮乏以及各种各样的痛苦，最后，任何人都是注定要死亡的。"②另一方面是为了说明人权是天赋的，而不是法和国家赋予的，先天赋有的权利是不可剥夺的，社会和国家的权力都来自这种权利，而不是相反。卢梭说自由是作为人得自上天的礼物，若放弃了自由就是贬低自己做人的资格；要想让奴隶制

---

① [美]列奥·施特劳斯：《自然权利与历史》，彭刚译，生活·读书·新知三联书店2003年版，第142—143页。

② [法]卢梭：《爱弥儿》上卷，李平沤译，商务印书馆1978年版，第304页。

长存，就必须改变人的天性。人权思想的口号是：人生而自由平等；人权思想追求人与人之间的平等，反对人对人的人身依附。这样，平等就成为自由的前提，卢梭说，没有平等，自由便不能存在。人权思想因此也被称为平民宗教。

按照平等主义的自然法主张，同意优先于智慧。既然大家在出身和才智方面都一样，不经过大家的自由同意，任何人都没有统治权力。在卢梭看来，统治者并不比普通大众更聪明，离开了这些所谓的明智者，大众也许会过得更好。"对这个等级的人进行研究，你就可以看出，他们说话的方式虽然不同，但同你却是一样的聪明，而且，常识的丰富远远胜过你。因此，你要尊敬你周围的人，要想到他们大多数都是人民；如果把所有的国王和哲学家都除掉的话，在人民中间也不会觉得少了什么人，而且种种事物也不会因此就变得不如从前的好。"[1] 卢梭在谈到对学生的教育时，认为教师要教育学生爱一切的人，使学生超越阶级局限，同人民在一起。卢梭一方面要求对学生的教育要培养其独立意识，一方面又要求教育学生同人民在一起。显然培养学生独立意识是要求他超越阶级偏见，养成对社会的责任心。卢梭对底层大众的尊重，深深触动了康德，并纠正了康德骨子里的傲慢和偏见。康德说，他从卢梭那里学会了对人性的尊重，对普通人的尊重："我自以为爱好探求真理，我感到一种对知识的贪婪渴求，一种对推动知识进展的不倦热情，以及对每个进步的心满意足。我一度认为，这一切足以给人类带来荣光，由此我鄙夷那班一无所知的芸芸众生。是卢梭纠正了我。盲目的偏见消失了，我学会了尊重人性，而且假如我不是相信这种见解能够有助于所有其他人去确立人权的话，我便应把自己看得比普通劳工还不如。"[2] 卢梭认为人这种存在太高贵了，我们不能把人

---

[1] [法]卢梭：《爱弥儿》上卷，李平沤译，商务印书馆1978年版，第311页。
[2] [德]卡希尔：《卢梭·康德·歌德》，刘东译，生活·读书·新知三联书店2002年版，第2页。

当作手段去利用，康德的回应是：要永远把人当作目的，而不仅仅是手段。

五 以自然为模本的社会建构：公意与个人自由的冲突

卢梭对人类文明的悲观态度，使其持有文明退步论。文明发展使人从（自然）平等走向（社会）不平等，而不平等导致人对人的依赖，从而使人失去自由；没有自由，人就无法倾听内心的声音，遵循良心的指导做出选择，从而导致人的道德堕落。人类历史被卢梭看作道德退化的历史，道德退化反映在人类行为上就表现为霍布斯所描绘的人类图景上，但人们误认为霍布斯所描述的就是人的本质特征，而没有看到它是社会长期腐化的结果。近代以来人对自身的看法，往好了说越来越实际，往坏了说走向自我贬低，从天堂（伊甸园）走回凡尘，从脱胎于上帝到脱胎于动物界，达尔文之后，以至于发生这样的事情：不与动物比较，人就不能认识自己。到了霍布斯那里，人性和道德达到所能想象的最低点，人跟狼一样。狼是本能驱使，它不知道自己是狼；而人有关于自己存在的知识，因此他有选择，完全可以不这样，可是这样的事情就发生了，并被霍布斯描绘了出来。卢梭对这样的事情——人的自我贬低——异常愤怒，他极力颂扬人性的高贵，他想告诉人们：你们原来是多么高贵，是那么的卓尔不凡！你们又是怎样一步步把自己弄成今天这个样子，并且乐此不疲。你们编造的所谓哲学把自己弄得畜生不如，"卑贱的人啊，是你的糟糕的哲学把你弄得同野兽一个样子，否则，你想败坏自己也败坏不了的，因为你的天才将揭露你所说的那些原理的荒谬，你仁慈的心将揭穿你所讲的那种教条的虚伪，而且，甚至在你滥用你的才能的时候，你也会不知不觉中看出你的才能是很优秀的"①。直到这个时候,卢梭还在提醒人们不要滥用自己的自由和才能。自由不意味着约束的消失——上帝"死"了,一切都被允许了——而是为了证明自己的卓越和高贵。

因此,我们可以看出,卢梭返于自然状态的主张并不是鼓动人们逃离社会,回归野蛮与蒙昧,而是为了促使人们省察人类社会的偏差,自然状态就是人类自我省察的一面镜子。这样看来,自然状态不是一桩过去的事实,而是人之为人的应然存在状态,是一个人类自我改进的积极的标准。沿着这样的思路,卢梭发现了一种绕开悲观主义的道路,即找出一种个体结合的形式,创造一种替换自然的社会力量,这种力量有三个特点:一是对自由和平等的保护是个体力量无法比拟的;二是它是非个人的,没有被个体占有,因而对所有人都是平等的;三是在这种力量作用下,每一个与全体联合的个人又只不过是在服从自己本人。这种足堪媲美自然力量的社会原则就是作为社会生活最高准则的公意,或者说是"普通意志"。在公意的统治下,人类便产生了一场最堪注目的变化,自然状态中仅仅以个人的力量为其界限的自然的自由被公意所约束着的社会的自由所代替。卢梭认为,服从公意就是服从自由,拒不服从公意的就要迫使他自由。这是因为,公意具有自然力的非个人特征,公意既不是多数人的意志——否则会出现阿克顿勋爵所说的多数人的暴政——也不是只着眼于私人利益的众意,众意只是个别意志的总和。公意从全体出发,并不倾向于某种特定的人、个别的目标,因而服从公意就不存在屈从他人意志和使他人意志屈从于我们意志的情况。所有人在普遍的公意面前都是平等的。公意必须得到尊重,不是因为它更强大,而是因为它是普遍的。卢梭说,个别意志正负相抵消剩下的总和是公意,即公意是在纷争的个人意志中达成的共识,因而服从公意

---

① [法]卢梭:《爱弥儿》下卷,李平沤译,商务印书馆1978年版,第396页。

就是服从于个人对自己的立法,卢梭说每个人顺从公意,这还不够,为了遵循公意,就必须认识公意,于是就出现了法律的必要性。正是卢梭开启了从意志角度论述法律之下自由理念的先河,在卢梭看来,法律是公意的记录,法律是公意的行为,由于法律结合了意志的普遍性与对象的普遍性,"唯有法律才赋予人们正义与自由;正是这种全民意志的有益机构使得人与人之间的相互平等成为应尽的责任;正是这种神圣的声音向每一位公民提出了公众理性的戒令,却又告诫人们按照他们自己判断的准则行事,而又不自相矛盾"①。由于公意具有非个人的普遍性特征,只有在作为公意具体体现的法律指引下,才能给人们带来关系上的平等和自由。卢梭的公意理论带来了三个方面的重大影响:一是卢梭的公意理论使他偏离了自然法的传统,在自然法思想家看来,自然法只能认识而不能创造,只能摹写不能变更,世俗法律只是自然法的实证化。而卢梭则为自然找到了一个现实的替代物,即公意,因此法律取决于人民的公意,人民参与为自己立法,法律是人民公意的体现,正是卢梭的这一公意理论为现代民主思想奠定了基础。二是卢梭的公意理论成就了康德传统的伦理学,康德的纯粹实践理性的基本法则是无论做什么,总是该做到使你的意志所遵循的准则永远同时能够成为一条普遍的立法原则。这正是被卢梭看作每种合法社会秩序的真正基本原则的东西。三是把法律看作公意的体现,这是后来社会主义思想家普遍接受的思想,即法律是人民意志的体现。

卢梭的公意理论试图将个人主义与普遍主义结合起来,即服从公意就是服从自己的意志,因为公意是普遍的,绝不考虑个别的人以及个别的行为。然而普遍性的公意何以是公正的?如何让人们认识到服从公意对保障自由的重要性,进而自觉服从公意?

---

① [德] 卡西尔:《卢梭·康德·歌德》,生活·读书·新知三联书店 2002 年版,第 37 页。

因为卢梭说过，公意永远是公正的，永远以公共利益为依归，对拒不服从公意的，就要迫使他服从，也就是要迫使他自由。卢梭在处理这两个问题上，陷入自相矛盾的困境，从而衍生出背离他初衷的结论。

公正要求一视同仁，公正的一个基本条件是禁止任意性。卢梭把公意和自由联系起来，是因为他相信公意永远是公正的。公意是如何做到这一点的呢？从公意的形成来看，通过社会契约，每个人毫无保留地把自己奉献出去，组成一个道德的与集体的共同体，而共同体就以这一行为获得了他的意志，即公意。按照启蒙运动时期社会契约论的逻辑推理，政治共同体的权力源于个人权利的转让，正是这一转让行为形成了政治共同体，不过转让的不是人的天赋权利，例如在洛克那里，转让的是私人裁判权，在转让这一权利时必须是平等的，否则在发生冲突时，例如君主就会成为自己案件的裁判者，暴政依旧。而卢梭防止通过社会契约的结合变为暴政的方式却是毫无保留的转让，理由是这样对于所有人的条件都是平等的了，他没有向任何人奉献出自己，也就不存在人身依附和人对人的奴役。那么人们为什么要相信共同体呢？卢梭说，共同体是个人生命的放大，它是公共的大我。这样看来，个人注定要为共同体而生存，一切为了共同体的事业。

能否实现公意的公正性，是保证个人自由的关键。从保证公意公正性的途径来看，公民彼此之间没有任何勾结，国家之内不能有派系存在。如果存在派别，其中一个大的派别就可能只手遮天，那么就不再有公意，占优势的意见便只不过是一个个别的意见。如果不存在派别，每个人都代表自己投票，那么个人的自私自利将在投票中相互抵消，才能保证公意永远以公共利益为依归，或者说总是从全体出发。在政治共同体中，占优势的集团的利益总不能代表公意，这符合卢梭对公意概念的限定——公意不是多数人的意志，当然更不可能是少数人的意志，而如何防止优势集团假借公意之名谋取一己之私，这是任何宪政民主社会都会面临的问题。解决之道无非三种类型：一是理想型，借用经济学中的完全竞争模型来讲，政治共同体中的利益集团像原子一样足够多、足够小，因而任何集团的行为都不会对公意产生影响；二是简单划一型，通过消灭派系和利益集团，一劳永逸地解决意志之间的分歧；三是竞争选择型，这种解决方案首先承认公民的真正自由在于公民的自由选择，派系之间的竞争为公民选择良好的公意创造了前提条件。第一种方案只存在于公式模型之中，第二种方案被希特勒在德国实践过，第三种方案存在于洛克和孟德斯鸠的理论谱系中。（英国哲学家罗素说希特勒是卢梭的一个结果。可这绝不是那个"宁愿在风暴中享自由，不愿在安宁中受奴役"的卢梭的本意，这完全是那个以自然为摹本的公意概念惹的祸。那个给野蛮人带来自由的超越于任何个体意志行为的自然力量是自成一体的，或者说是上帝意志体现的自然法，宗教改革保留了上帝面前的人人平等，引入每个人都是传教士这一个人主义因素。）但公意却不是这样，卢梭和洛克、霍布斯一样都承认自我保存是人的天性，由此出发，困境产生了：那个自私自利的人又怎么能为了公共利益参与到公意立法中去？为了回答这个问题，卢梭只有放弃普遍性转而苛求一致性，于是公意就成了个别意志正负相抵消剩下的总和，个别意志被淹没在了公意的海洋中而鸦雀无声。在共同体中，由于卢梭没有处理好普遍性和特殊性的关系，导致他追求的自由丧失在普遍性蜕变为一致性之中。

如果说违背初衷的结论是由于不恰当的类比与论证方式造成的，还说得过去的话，但赤裸裸的表白却令人怀疑作者的意图。在如何使人们服从公意这个问题上，卢梭一方面祈望知识贵族对人们进行公意启蒙，另一方面借助于民族宗教强迫人民服从公意的统治，对拒不服从者，轻则驱逐，重则处死。因为卢梭坚信公意能给人带来自由，他对公意的崇拜带来的是绝对民主的恐怖和愚弄。不过，对卢梭的思想简单地下结论未免轻率，因为卢梭给他的公意统治进行了严格的限制。那些适合公意立法的民族没有过法律的羁绊，没有传统和迷信，置身于四邻冲突之外，全体成员彼此相识、自给自足，兼具古代民族的坚定性与新生民族的驯顺性。卢梭的公意之下的自由思想不适合开放的大社会，而只适合小国寡民的封闭的小社会。

第四章

资产阶级市民社会：个人主义的试验场

在卢梭的自然状态学说中，既突出了个人对于社会的"在先性"（先在性），又突出了个人的反社会倾向。这无论在本体论意义上，还是在政治意义上，都对个人主义文化产生了巨大影响。

在卢梭那里，社会性并不构成人的本性，因为个人先于社会而存在，人的非社会性独立存在状态被称为自然状态，自然状态是这样一种状态，"在这之中，人被设想成在社会或国家创立之前就已经存在了"[①]。

卢梭反对用社会性来界定人，是因为社会扼杀了人的独立性。卢梭认为人是为自由而生的，社会却给人套上了枷锁，使人"无往不在枷锁之中"。对卢梭来说，"人是好的，人群是坏的"。人走向社会就是一个人的自由本性被遮蔽和败坏的过程，这一过程不是必然要发生的，而是一场"意外"和"不幸"。卢梭认为只要人欲念少，就不需要依赖他人，"只要他们只从事单独一个人就可操作而不需要多人合力就能完成的技术工作，他们就能过着他们的天性所许可的自由自在的美好的幸福生活"[②]。合群是因为人身体的柔弱，而不是情感的需要。"对人的依赖，就是力量不足的表征：如果每一个人都不需要别人的帮助，我们就根本不想同别人联合

---

① [英]史蒂文·卢克斯：《个人主义》，阎克文译，江苏人民出版社2001年版，第69页。

② [法]卢梭：《论人与人之间不平等的起因和基础》，李平沤译，商务印书馆2015年版，第95—96页。

了。"人从合群中所产生的幸福是微小的,"一个孤独的人才是真正幸福的人"①。用孤独来界定幸福,也就是从自我发展的视角来理解幸福,这样,幸福概念就失去了社会意义和他者的视角。幸福与否与他人无关,他人既不会促进我的幸福,也不会贬损我的幸福;无论是他人的艳羡,还是他人的嘲讽,都不会影响我的幸福,我的幸福与他们无关。我不用看别人脸色行事,也不会活在他人的意见之中。只要一谈"比较"这个词,卢梭立刻就升起敌意,他非常反感"比较"这个词,反感"比较"这个词就是反感"理性",因为比较、分析、判断是理性的功能。人是通过理性来完善自己的。如果没有比较,人也就无所谓自尊心这个在卢梭看来使人变得邪恶的东西。"比较"发生在"合群"的人中,消除因自尊心带来的邪恶,就要把人置于孤立状态,使人过着离群索居的生活。理解卢梭的自尊心概念一定要比照人的自爱心,否则我们就无法理解自尊心怎么会成为邪恶的东西;自爱心使人独立,自尊心使人依赖他人。不过,卢梭对独立性的渴望,使"自爱"具有了"自足"的特征。

由此可见,卢梭反对用社会性来界定人,是因为他关注的是个人的(彻底)独立性。卢梭关注个人的独立,因为在他看来,社会使人道德堕落,只有孤独者是善良的,而自然状态有利于个人保持(彻底)独立性。按照这样的逻辑推论,追求独立的人就是反社会的人,就是不合群的人。如果把卢梭返于自然状态看作对历史的追溯,我们就会发现:越往前追溯历史,就越发现人身上的社会气质越少,人就越发独立,"历史倒退论"就是始于这样的逻辑。

对于启蒙思想中的先于社会的独立的个人的观念,马克思重申了一个历史事实,即我们越往前追溯历史,个人就越不独立:"越从属于一个更大的整体:最初还是十分自然地在家庭和扩大成为氏

---

① [法]卢梭:《爱弥儿》上卷,李平沤译,商务印书馆1978年版,第303页。

族的家庭中；后来是在由氏族间的冲突和融合而产生的各种形式的社会中。"① 马克思揭示了启蒙思想家从先于社会的个人的观念出发的原因，他们是为即将到来的资本主义社会进行辩护；这些大大小小的鲁滨逊一类的故事，"其实，这是对于16世纪以来就做了准备、而在18世纪大踏步走向成熟的'市民社会'的预感。在这个自由竞争的社会里，单个人表现为摆脱了自然联系等等，而在过去的历史时代，自然联系等等使他成为一定的狭隘人群的附属物。"②

一　重申一个事实：我们越往前追溯历史，个人就越表现为不独立

我们越往前追溯历史，就发现人越不独立，就越从属于更大的整体。独立的个人的观念是近代以来才有的观念，在古代社会是没有这种观念的，因为古代社会是家族本位的社会，人的一切关系都被概括在家族关系之中，独立的个人观念是随着家族依附的消失才逐渐出现的。

古代社会是家庭本位的社会。古代社会最初的基本单位是家庭或家族，而不是个人，社会是家庭或家族的集合体，而不是个人的集合体。英国法律史学家亨利·梅因认为，古代社会的法律和道德所关涉的是家庭或家族，而不是个人。"原始法律把它所关连的实体即宗法或家族集团，视为永久的和不能消灭的。这种见解同远古时代道德属性所表现的特别看法，有着密切联系。个人道德的升降往往和个人所隶属集团的优缺点混淆在一起，或处于比较次要的地位，如果共产体有了罪过，它的罪恶大于其成员所犯罪的总和；这个罪是一个团体行为，其后果所及要比实际参与犯罪行为的人多得多，如果，反过来，个人是显然有罪的，那他的子女、他的亲属或

---

① 《马克思恩格斯选集》第2卷，人民出版社1995年版，第2页。
② 《马克思恩格斯选集》第2卷，人民出版社1995年版，第1—2页。

他的同胞就都要和他一起受罚，有时甚至代替他受罚。"①

在家庭或家族内部，个人没有人身自由。在家族内部实行的是"父权制"，最年长的父辈在家庭中具有绝对的权威，其他人都依附于年长父辈，成为他的财产。年长父辈握有生杀权，他对待他的子女就像对待奴隶一样，不受任何限制。"父对其子有生死之权，更毋待论的，具有无限制的肉体惩罚权；他可以任意变更他们的个人身份；他可以为子娶妻，他可以将女许嫁；他可以令子女离婚；他可以用收养的方法把子女转移到其他家族中去；他并且可以出卖他们。后来在帝政时期，我们还可以发现所有这些权利的遗迹，但已经缩小在极狭小的范围内。"② 据亨利·梅因考察，在古罗马法中有"妇女终身监护"的制度，"妇女终身监护"是"家父权"不折不扣的延伸。也就是说，妇女在家庭或家族内部没有人身自由，男性家庭成员是其终身监护人；其父死，她继续终身从属于最近的男性亲属，她的监护人是由其父通过遗嘱指定的。

家族本位的社会奉行自私禁忌。哈耶克指出：人类在小部落或群体中演化了数十万年，并由遗传而得到继承的本能是集体主义，而不是个人主义。在家族或部落群体中，"主要是共同的目标和感受支配着其成员的活动。休戚与共和利他主义的本能，对这些协作方式起着决定性作用。这些本能适用于自己团体中的成员，却不适用于外人。因此这些小团体中的成员只能以如下方式生存：孤立的人不久就会成为死人"③。在封闭的小群体中，信任半径仅限于相互了解的同胞之间，陌生人不被信任。哈耶克因此而指出，霍布斯的所谓原始的个人主义的观念，是无稽之谈。野蛮人并不是孤立的，而是集体主义的，集体主义是野蛮人的本能反应，这种本能反

---

① [英] 梅因：《古代法》，沈景一译，商务印书馆1959年版，第73页。
② [英] 梅因：《古代法》，沈景一译，商务印书馆1959年版，第79页。
③ [英] F. A. 哈耶克：《致命的自负》，冯克利、胡晋华等译，中国社会科学出版社2000年版，第8页。

应是长期的群体生活构造的,是由遗传而得到继承的本能,因此,根本就不存在"一切人反对一切人的战争"。人类早期的群体生活是狭小的,并且是相对封闭的,人们之间交往对象是相对固定的,接触和交往的频率是非常高的,交往对象主要限于相互之间熟识的人之间,或者如亨利·梅因所说,他们都有着共同的祖先和血亲关系,对他们环境中的危险和机会有着相似的感受。只有群体成员相濡以沫、团结统一,才能使个人得以保存,离开群体就意味着死亡,因此,这些家族或部落群体极力排斥私人行为。我们发现,古代社会,尤其是雅思贝尔斯所说的轴心时代的思想家中具有"反动"倾向的思想家比较多,即反对社会向开放的大社会发展,而把"小国寡民"的封闭社会当作理想社会。柏拉图的"理想国"实际上就是一个原始的部落群体,其原型被认为是来自斯巴达克斯。柏拉图主张根除私人行为,保持集体的整齐划一:"在我们的生活当中要尽可能地根除各种形式的私人或个人行为。只要这点能做到,即便是自然造化为私人或个人的,也可以在某种程度上成为大家共有的财产。就像我们的眼睛、耳朵和手或可以视、听和行动——好似它们不是属于个人而是属于社会一样。所有的人都被格式化,让他们能最大限度地全体一致地嘻笑怒骂,让他们甚至能在相同的时间对相同的事情感到欣喜或悲伤。所有这些法律因把国家最大限度地团结起来而更加完善。"① 在柏拉图那里,集体主义是理想国中唯一的价值标尺,在集体中,个人是为整体而存在的,其存在的价值就是为了整体利益而牺牲个人的利益,否则人就不能产生对家庭和部落群体的认同感和归属感。柏拉图希望彻底清除一切人生活中的无政府主义倾向,使人永远都不能妄想独立行动。

  理想国中没有私人生活领域,消除私人领域和隐私被认为是保证大家都过集体生活的关键。汉娜·阿伦特认为,在古代,隐私有

---

① [英] 卡尔·波普尔:《开放社会及其敌人》(第一卷),陆衡等译,中国社会科学出版社 1999 年版,第 203 页。

"被剥夺"的意思，隐私是一种状态，是一种被剥夺了人的能力中最高级、最属于人的东西的状态。过纯粹私生活的人就像奴隶一样，不是完整意义上的人。如果一个人私生活缺乏政治地位，那么这个人就是奴隶，在古代，奴隶就是不关心国家（公共）政治事务的人："一个人过一种纯粹的私人生活，像奴隶一样不被允许进入公共领域，或者像野蛮人一样自愿选择不建立这样一个领域，就不是完整意义上的人。"[①] 也就是说，古代社会不存在私人领域与公共领域、私人自我与公共自我之间的区分。人们所理解的"我"就是公共的"大我"，而不是作为私人的"小我"，人们是通过自己在群体中扮演的角色、发挥的功能来认识自己的；人在积极的公共参与中来实现自我，公共生活是个人生活的真实内容，他们所说的私人事物就是过公共生活，人们的生活与国家的生活是等同的。

从柏拉图那里我们可以看到人类早期家庭或部落群体社会所奉行的严格的自私禁忌，因为个体完全被群体所吞噬，人是一种全然不自由的个体；在古代社会，不存在个人自由，因为没有个人观念。没有个人观念的人是如何认识自己的？答案是自己的社会角色。在古代社会，人与其社会角色是内在统一的，成为人就是要扮演某种社会角色；人与其社会角色相一致，也可以说，角色的扮演与人格是融为一体的。他是一个人，因为他是一名骑士，骑士并不是他偶然从事的职业，把角色当作谋生的职业是现代人的观念，古代人没有这种观念。在古代社会，人在社会中的地位和位置是不能选择的，角色和位置是既定的。在柏拉图理想国中，成为统治者、守卫者和劳动者都是天生的，金质人是统治者，银质人是守卫者，铜质和铁质人是底层劳动者，重视出身和血统是"身份"——来自家庭或家族的特权——社会的特点。"在现代之前的许多传统社会中，人们通过各种不同社会群体的成员身份来辨认自己和他人。

---

① [美] 汉娜·阿伦特：《人的境况》，王寅丽译，上海人民出版社2009年版，第24页。

我可以同时是哥哥、堂兄和祖父；可以既是家庭成员，又是村庄成员，还是部落成员。这些并不是偶然属于人们的特性，不是为了发现'真实的自我'而须剥除的东西。它们是我的实质的一部分，它们至少部分地，有时甚至是完全地限定了我的责任和义务。在相互联结的社会关系中，每个个人都继承了某种独特的位置，没有这种位置，他就什么也不是，或至多是个陌生人或被放逐者。"①

《开放社会及其敌人》的作者卡尔·波普尔把柏拉图看作"开放社会的敌人"，因为柏拉图极其敌视个体的私人行为，把个人完全消融于集体之中。如果我们阅读了哈耶克的《致命的自负》，就会明了为什么卡尔·波普尔这样评价柏拉图。哈耶克提出了"扩展秩序"的概念，哈耶克认为，文明的发展就是不断突破小群体的边界限制，扩展到更大范围；从小国寡民到人丁兴盛，就要禁止人们按照本能道德行事，使人们不再依赖对事物的共同感受。"不断地服从像对待自己的邻人那样对待一切人这种要求，会使扩展秩序的发展受到阻碍。因为如今生活在这种扩展秩序里的人取得利益，并不是因为他们互以邻居相待，而是因为他们在相互交往中采用了扩展秩序的规则，譬如有关分立的财产和契约的规则，代替了那些休戚与共和利他主义的规则。人人待人如待己的秩序，会是一种相对而言只能让很少人有所收获和人丁兴旺的秩序。"② 因为这种规则针对的是自己的人，也就是有血缘亲情的人，不适用于外人，超出熟人范围，它就不适用了；用福山的话说就是信任半径狭小，人的交往范围受限，不能使秩序扩展。哈耶克是一个比较激进的个人主义者，他的扩展秩序是一个个人主义秩序。在他看来，文明不是按照设计好的路线展开的，文明得以扩展的过程就是允许个人不断地进行选择和试错的过程，也就是说，它是一个自发的过

---

① ［美］A. 麦金泰尔：《德性之后》，龚群、戴扬毅译，中国社会科学出版社1995年版，第44页。

② ［英］F. A. 哈耶克：《致命的自负》，冯克利、胡晋华译，中国社会科学出版社2000年版，第9—10页。

程，不是人为设计出来的；自发的秩序允许个人进行试验并做出选择，也就是说，要想促进文明的发展，就必须给个人以自由，这是哈耶克主张个人主义，反对集体主义的理论依据。

从哈耶克的扩展秩序的思想出发，波普尔认为，否定和扼杀个体自发行为的主张就会被认为阻碍了文明的进步和发展，并将导向极权主义："把柏拉图当作道德的导师来赞扬其声誉，并且向全世界宣告他的伦理学是基督降生之前通向基督者的最捷途径，这样一来就为极权主义，尤其是对基督教进行反基督教解释的极权主义者，铺平了道路。这是一桩危险事，因为基督教曾一度受极权主义思想的支配。过去曾有宗教裁判所，今天它可能以另一种形式回来。"[①] 对柏拉图的这种批评是有失公允的，我们站在今天民主法治的时代，用个人价值得以充分张扬的现代社会去否定两千多年前的思想家，显然是犯了时间错置的错误。正如黑格尔所说，任何人都不能超出他的时代，正如任何人都不能超出他的皮肤。柏拉图也不例外，他只是对他那个时代的社会现实进行了描述。我们不可能让柏拉图在他那个时代产生个性解放、个人至上这种现代西方个人主义思想，正如现代社会如果谁要是宣扬柏拉图的理想国思想会被认为是"反动"一样。个人主义观念只是近代的产物，正如托克维尔所说，个人主义观念在我们祖先那里是没有的。

二 揭露一个目的：启蒙思想构筑的抽象的个人是为资本主义市民社会辩护

如果从启蒙思想家提出的先于社会独立的个人的观念出发，那么我们越往前追溯历史，就应当发现人越是自由独立的。这种反社会的个人主义观念，把单个的孤立的个人作为历史的起点，而不是

[①] [英] 卡尔·波普尔：《开放社会及其敌人》第一卷，陆衡等译，中国社会科学出版社1999年版，第205页。

历史的结果,看作自然造成的,而不是从历史中产生的。马克思认为这种观念是"对于16世纪以来就进行准备、而在18世纪大踏步走向成熟的'市民社会'的预感"①。18世纪大踏步走向成熟的市民社会就是处于自由竞争阶段的资本主义社会。18世纪是欧洲从封建主义向资本主义过渡时期,在这一时期,资产阶级领导并发动了反对封建制度的启蒙运动,因此,这一时期又被称为启蒙运动时期。黑格尔认为,市民社会的出现使得西方社会脱离了封建的中世纪,中世纪经常被描绘成一个无知和迷信的"黑暗时代"。马克思把市民社会及其孤立的个人的观念看作封建社会形式解体以及新兴生产力发展的产物。推翻封建专制统治,建立资产阶级市民社会,就是马克思所说的政治解放。资产阶级政治革命的口号是自由、平等和人权,践行这些原则的社会就是启蒙运动时期资产阶级思想家希望通过社会契约而建立的社会,这种社会脱胎于他们所设想的自然状态。

市民社会这个表述来源于西方,是对英语 civil society 的翻译。市民社会这个概念的最早提出者是古希腊哲学家亚里士多德,它指的是一个与自然状态相对应的文明社会或政治社会。"市民社会"指的是这样一种历史发展阶段,在这一阶段,人类脱离了原始野蛮部落状态,进入"文明社会",建立了国家,在古希腊时期就是"城邦"(Polis)。无论是用"市民社会",还是用"国家"来诠释"城邦"这个术语,其含义都是指通过施加限制公民相互伤害的规则来治理社会冲突的一种政治结社。②

黑格尔把市民社会看成伦理的矛盾发展的三个阶段中的第二阶段,第一阶段是家庭,家庭体现了直接的、自然的伦理精神,第三个阶段是国家,国家体现了伦理精神的统一。"市民社会是处在家庭和国家之间的差别的阶段",它的形成晚于国家,市民社会体现

---

① 《马克思恩格斯选集》第2卷,人民出版社1995年版,第1页。
② 陈光金:《"市民社会"理论的历史与演变》,中国社会学网,2016年12月28日。

了伦理精神的丧失，伦理精神在市民社会丧失了直接的统一。市民社会是其各个成员作为独立的个人的联合，黑格尔在这里所说的"市民"是指"把本身利益作为自己的目的"的"私人"，也就是自私的个人，"在市民社会中，每个人都以自身为目的，其他一切在他看来都是虚无"①。黑格尔意义上的市民就是卢梭所说的还没有成为"公民"的个人，这样的人只有个别的意志，而没有公共意志，因此他无法超出个人私利的樊篱："他的个人利益对他所说的话，可以完全违背公共利益；他那绝对的、天然独立的生存，可以使他把自己对于公共事业所负的义务看作是一种无偿的贡献，而抛弃义务之为害别人则会远远小于因履行义务所加给自己的负担。"②市民虽然是以自身为目的，但是他的目的的实现却离不开他人，为了达到自己的目的，他就不得不同他人发生关系，但是他人只是"特殊的人达到目的的手段"。在市民社会中，人与人之间的关系是利益关系、交换关系。

在黑格尔那里，市民社会由三个环节构成，第一个环节是需要的体系。人与动物都有需要，但动物的需要是有限的，因为动物的需要受自然欲望——生物性的欲望——的限制，是有限的，如饥饿和口渴，吃饱了喝足了，饥渴的欲望就消失了，直到下次再出现，因此自然欲望是周期性的。但是，在市民社会中，对人的需要的自然限制被打破了，"人虽然也受到这种限制，但同时证实他能越出这种限制并证实他的普遍性"③。使人的需要越过这种限制，首先依靠的是把人的需要"殊多化"，其次是把人的具体需要分解和区分为个别的部分和方面。通过"多样化"和"细化"不断地刺激人们产生更多的需要。黑格尔认为，这种被多样化和细化的需要并

---

① ［德］黑格尔：《法哲学原理》，范扬、张企泰译，商务印书馆1961年版，第197页。
② ［法］卢梭：《社会契约论》，何兆武译，商务印书馆2003年版，第24页。
③ ［德］黑格尔：《法哲学原理》，范扬、张企泰译，商务印书馆1961年版，第205页。

不是直接从具有需要的人那里产生出来的,而是那些企图从中获利的人制造出来的。也就是说,市民社会中人的无限的欲望和需要并不是人的真正需要,它们被创造出来的目的是满足资本的逐利的需要。如果按照某些启蒙思想家——例如霍布斯——的说法,非社会的人具有无限的欲望,这是人的本性使然,但实际情况却是这种欲望是以牟利为目的的商业社会(市民社会)人为创造出来的。人的欲望成为主人,理性这个仆人到处替主人寻找满足欲望的手段,满足人的需要的手段因此而被多样化。"能理解差别的理智使这些需要殊多化了。"

第二个环节是司法。司法是用来保护个人私有财产权的,"在市民社会中所有权和人格都得到法律上的承认,并具有法律上的效力,所以犯罪不再只是侵犯了主观的无限的东西,而且侵犯了普遍事物,这一普遍事物自身具有固定而坚强的实存的"[1]。保护所有权是为了维护公正,在黑格尔看来,公正在市民社会中"是一件大事"。为什么是件大事?这不是在一般意义上说的,而是针对市民社会的特殊的个人关系而言的。市民社会中的"市民"都是自私的个人,眼中只有自己和自己的利益,虽然与他人建立了联系,但也是为了个人利益的实现,他人只是手段和工具,这样,"在个人与个人之间,产生了一个独立的、基于利益的关系网络。……市民社会的两个原则:'在其实现中的利己的目的'与它的活动条件,即利己的'普遍性'。"[2] 在基于利益的关系网中,虽然个人之间存在(暂时)合作关系,但是,这种关系是冷漠的,自利的陌生人之间的交往存在着道德风险,尤其是在人们想要获取的东西相对有限的情况下,特殊的人基于利益而达成的具有普遍性的统一关系就可能因利益纷争而分崩离析。因此,自利的个人之间在彼此合

---

[1] [德] 黑格尔:《法哲学原理》,范扬、张企泰译,商务印书馆1961年版,第228页。

[2] [德] 曼弗雷德·里德尔:《在传统与革命之间——黑格尔法哲学研究》,朱学平、黄钰洲译,商务印书馆2020年版,第182页。

作中遇到的最大问题就是如何分配因合作而产生的利益？公正问题由此而产生，在市民社会中，公正是一种由自私所引申出来的德性。正如罗尔斯所说："在任何时候当彼此互不关心的人，在适度的贫乏的条件下，提出相互冲突的对社会利益分配的要求时，公正问题的环境就出现了。"

第三个环节是警察和同业公会。同业公会扮演着类似传统社会的社群角色，其目的是防止市民社会的解体，同业公会就是把具有共同目标和相同兴趣的人组织在一起而形成的小团体，使人在其中找到归属感。在市民社会中，个人与个人之间的关系是基于利益的外在的、工具性的关系，人们身处群体中，却缺乏认同感和归属感，缺乏认同感和归属感的个人之间用利益拼接在一起就是一群"乌合之众"，随时可能一哄而散，最终成为一个无序的社会。"如果没有中介的社群或团体来使市民社会中的分子组成一些小团体的话，它极有可能会崩解。同业公会就是市民社会中这样一种自愿性的团体。市民社会的人根据相同的职业、兴趣等组织起这种团体，以使自己在其中找到认同。"[1] 黑格尔有关以同业公会来消解个人主义的分离倾向的主张已使其思想带有某种社群主义倾向，我们在社群主义者麦金泰尔的《德性之后》中看到了这种同业公会的影子，只不过麦金泰尔赋予其宗教色彩。

在马克思那里，市民社会可以从三个层面来理解。从政治上讲，市民社会就是与政治国家相分离的社会，市民社会是独立于国家的私人自治领域，或者说是非政治的自治社会。马克思认为，政治国家和市民社会的分离是一种历史的进步，资产阶级的政治革命促进了这种分离，但是这种分离使人过着双重生活，政治共同体的生活使人把自己看成是社会性存在，也就是类存在，类存在具有普遍性；市民社会的生活则使人把自己看作非社会性的原子式的个

---

[1] 石元康：《从中国文化到现代性：典范转移？》，生活·读书·新知三联书店2000年版，第212页。

人，也就是特殊性的存在。在这里，马克思对市民社会生活的表述与黑格尔基本一致。从经济上讲，市民社会就是建立在私有制基础上的市场经济社会，即商业或交换的社会。在商业社会中，人们行为的最大动机就是牟利，"商业行为是所有人类行为中最非人格化的行为。在商业行为中，双方不需要知道对方的人生观、宗教信仰、政治主张、艺术品位等一切构成一个人之所以成为某一个特殊的个人的要素。……他只需要知道对方是否有他所需要的东西，以及他是否肯交换"①。按照哈耶克的话说，我们所服务的人我们都不认识，我们也不在乎他们的生存状况。在马克思看来，市场交换的前提是平等，"商品是天生的平等派"，但是在私有制社会中这种平等只是形式上的平等，市场交换不需要实际的平等——经济社会的平等，这种形式的平等掩盖了人与人之间事实上的不平等。从价值观上讲，市民社会就是个人主义原则主宰的社会，个人主义是资产阶级价值观；市民社会就是资产阶级社会，马克思指出，资产阶级所宣扬的人权是分立的、自私的、个人的抽象权利。市民社会就是彻底实现了个人主义原则的社会，这是市民社会最典型的特征。

三　看清一个真相：分立的个人都是利己主义者

　　从传统社会进入现代社会，即从封建社会到资产阶级市民社会，人们对自我的理解发生了深刻变化，即从群体主义转向个人主义。群体主义把集体放在第一位，个人主义把个人放在第一位，一个使人"忘我"，一个使人"唯我"；从群体主义转向个人主义，就是从利他主义转向利己主义。个人主义这个词是近代以来，准确

―――――――
　　①　石元康：《从中国文化到现代性：典范转移？》，生活·读书·新知三联书店 2000 年版，第 199—200 页。

地说，应是资产阶级启蒙运动以来才出现的一个词。正如托克维尔所说，我们的祖先并不知道个人主义这个词，因为在他们的时代，个人都隶属于团体，没有脱离团体而自行其是的个人。个人主义这个词迎合了我们自身的需要，它是一种只顾自己而又心安理得的情感。

《个人主义》的作者史蒂文·卢克斯把个人主义总结为五种观念：第一种观念是"人的尊严"，即个人具有至高无上的内在价值或尊严，这种观念最早出现于基督教的个人主义形式中，但是到了中世纪，由于强调教会的至高权威以及植根于古罗马的社会有机体观念而使这种个人尊严的观念遭到贬抑，社会有机体观念造成了对个人的吞噬，个人被完全淹没在社会的汪洋大海之中。自文艺复兴以来，对个人内在价值的强调成为核心思想，特别是体现在启蒙思想家卢梭那里；把个人看作最高的存在，要把人当作目的，而不是工具，这一思想源于卢梭，而不是康德。个人主义的第二种观念是"自主"，即个人的思想和行为属于自己，并不受制于个人所不能控制的力量或原因。能够体现一个人在社会上的自主性的就是他不是盲目地服从加之于他的压力和规范，而是能够通过独立的思考和理性的反思形成自己的目标并作出实际的决定。卢克斯认为，自主观念最早出现在宗教领域；宗教哲学家托马斯·阿奎那认为，人不能盲目服从上级的命令，对任何命令都要经得起自己良心的审查。在宗教改革时期，马丁·路德以个人的自主性虔诚代替了集体性虔诚。到了启蒙运动时期，自主成为启蒙运动的基本价值之一，启蒙运动就是"针对外部强加标准的解放运动和由我们自己选择的新标准的建构运动。卢梭写道，好公民就是那个知道'按照自己的判断准则行动'的人"[1]。在强调人的自主性上，卢梭成为启蒙运动的典型代言人。个人主义的第三种观念是"隐私"，这一观念强

---

[1] [法]茨维坦·托多罗夫：《启蒙的精神》，马利红译，华东师范大学出版社2012年版，第49页。

调公共领域与私人领域的区分,在公共领域参与公共事务,而在私人领域中个人不受别人干涉地做自己想做的任何事情,能够按照他自己的方式去追求他自己的利益。阿伦特认为,在古代,古人对隐私表现出极大的蔑视,过纯粹的私生活的人就像奴隶一样被剥夺了最属人的东西,过私生活的人不是完整意义上的人。而现代社会,私人领域被看作保护个人自由的堡垒,在堡垒内部,个人利益具有优先权。"当我们用'隐私'一词的时候,我们首先想到的不再是剥夺,这部分是由于现代个人主义的发展使私人空间变得异常丰富;不过似乎更重要的是,准确说来,与其说现代的隐私与政治领域相对,不如说与社会领域相对(古代人不知道社会领域,对他们来说社会领域的内容就是私人事物)。"① 个人主义的第四种观念是"自我发展",卢克斯认为自我发展的概念典型地源于浪漫主义,让·雅克·卢梭是自我发展这一浪漫主义思想的先驱。卢梭认为社会造成顺从主义,所有的人都如同一个模子塑造出来的,使人"邪恶而虚伪的一致",人不敢表现真正的自己,从而使人失去卓尔不群的个性。卢梭在《忏悔录》中写道:我生来便和他人不同,"虽然我不比别人好,至少和他们不一样"。用施莱尔马赫的话来描述自我发展观念就是,"每个人都应该以他自己的不同方式,通过他自己人性中的各种因素的特殊组合,在他自身中表现和展示人性"。个人主义的第五种观念是"抽象的个人",即通过消融人的社会维度,把人还原为原子式的个人存在,人与人之间是分立的,并且是自足的;如果把个人设想成独立于社会而存在的,那么个人所具有的特征就不是由社会环境所塑造的,不是社会使人成为人。抽象的个人的观念把人看作自身特征的负载者,"这些既定的抽象的特征决定着他的行为,表达了他的兴趣、需要和权利"。

卢克斯赋予个人主义的观念并不都是个人主义独有的,把它们

---

① [美]汉娜·阿伦特:《人的境况》,王寅丽译,上海人民出版社2009年版,第24页。

都赋予个人主义，夸大了个人主义的历史进步作用。例如人的尊严，自古以来人们就把尊严看得比生命还重要，这才有了"士可杀，不可辱"的呐喊，而不是自从有了个人主义，人们才意识到尊严的重要性。关于自主，也不是个人主义的专利，实际上真正的集体也赋予了个人自主发展的权利；在马克思那里，真正的共同体是自由人的联合体，每个人的自由是所有人自由的条件，但人与人之间不是对立和竞争关系，而是合作关系。卢克斯主要是从理想模型出发来看待个人主义的这些特征，没有看到个人主义的问题和消极因素。最能代表个人主义观念的是抽象的个人观，我们从抽象的个人观出发，来分析个人主义的两个最主要特征，并把这两个主要特征置于市民社会的背景下来进行分析。这两个最主要特征就是个人主义强调个人相对于社会的"先在性"，个人相对于他人的"自足性"和"分立性"。这种抽象的个人观一方面导致把个人看作先于社会的存在，而把社会看作实现个人目的的工具，另一方面把个人看作自给自足的存在，从而导致了人与人之间的分离和对立。

个人的"先在性"是指从个人与社会的关系来看，个人先于社会而存在，个人被看作比社会更为"真实"和"根本"的存在。这种前社会的个人观念与启蒙思想家关于自然状态的论证模式密切相关，自然状态抽掉了人们之间借以进行沟通和交流的共同的社会图景，使个体的人以纯粹的独立的状态显露出来。"自然状态在逻辑上先于社会政治生活，它所考虑的唯有个人，而且逻辑的先在与历史的先在交织在一起，因此，自然状态也是这样一种状态，在这之中，人被设想成在社会或国家创立之前就已经存在了。"[1] 离开了社会这一背景来谈论个人，实际上就是把个人看作"既成"的，而不是"生成"的。不是社会使人成为人，人身上的所有特征都是独立于社会环境的；人一来到这世间就全副武装，并趋于成熟。

---

[1] [英] 史蒂文·卢克斯：《个人主义》，阎克文译，江苏人民出版社2001年版，第69页。

就像霍布斯所说的那样:"人就像蘑菇一样,仿佛是突然间从地底下长出来的,并逐渐趋于成熟,彼此没有任何事先的约定。"

人先于社会而存在,这只是一个设想,事实上人生活在社会中。但是这一设想却改变了人们对社会的认识,使人们对社会的认识由群体主义转向个人主义。以群体主义看待社会,社会先于个人而存在,是社会塑造了个人;社会是一个有机体,个人不能脱离群体单独存在,但是,群体主义也可能出现否定和抹杀个人价值的问题,在某种意义上说,个人主义是对这一现象的极端反应,正如伊恩·瓦特所写:离家出走以改进自己出身的命运。以个人主义观点来看待社会,个人先于社会而存在,不是社会塑造了个人,而是个人塑造了社会;首先存在的是独立的个人,然后产生人与人之间的关系,而后才出现政治有机体。人进入社会,过社会生活不是目的,社会生活的所有形式只是实现个人目的的手段,社会对个人来说只具有工具价值。"现代性总是意味着对自我的理解由群体主义向个人主义的一个重大转变。现代性不是把社会或共同体看成首要的东西,'个人'只是社会的产品,仅仅拥有有限的自主权;而是把社会理解为为达到某种目的而自愿地结合到一起的独立的个人的聚合体。"① 在个人主义那里,社会不是有机整体,而是机械复合体;个人可以自成一体,单独存在,而不是由与他人的关系所构成,也就是说,个人主义社会观强调个人独立于他人的重要性。

作为对社会起源的个人主义式解释,社会契约论把社会看作个人之间基于同意签订的契约的结果。通过社会契约所建立(市民)社会服务于个人目的,是为了保护和扩大个人的自然权利。1791年,法国第一部宪法《人权宣言》第二条规定:"一切政治结合的目的都在于保存自然的、不可剥夺的人权;这些权利是自由、财产权、安全和反抗压迫。"对于这种抽象的权利观,马克思

---

① [美]大卫·雷·格里芬:《后现代精神》,王成兵译,中央编译出版社2012年版,第23页。

评论道：在个人主义语境中，"把人和社会连接起来的唯一纽带是天然必然性，是需要和私人利益，是对他们财产和利己主义个人的保护"①。在社会契约中，政治生活是手段，市民社会生活是目的。

尽管社会生活的所有形式是个人通过社会契约创建的思想来源于霍布斯，《利维坦》是霍布斯社会契约论的奠基之作，但是，霍布斯对自然状态的描述以及对社会契约的构想都是为了论证君主的专制统治的合理性，而不是用来保障和扩大个人天赋权利的。也可以说，霍布斯是王权专制统治的拥护者。人的本性不是自由，而是无休止的权力欲，平等不是自由的条件，而是人们互相伤害的资本，即使是弱者也可以通过密谋或与他人联合而杀死最强者。在霍布斯那里，自然状态中的人可不像卢梭描述的那样，忍受孤独，内心平静，富有怜悯心。尽管霍布斯承认人是生而自由平等的，但是霍布斯却认为这不是什么好事。在身心两方面的能力平等的人之间展开权力——权力是满足欲望的手段，欲望不休，权力的角逐不止——的角逐将使他们陷入政治困境：任何两个人如果都想得到同一个东西而又不能同时享用时，那么这两个人就会成为仇敌。自然状态是充满竞争和猜忌的斗争状态，为了避免短寿和横死，人们放弃了除生命权之外的所有权利，以便换取一个有能力维护和平与安宁的绝对君主的统治。为了保命而放弃自由，这不是个人之间签订的自由契约，而是统治者与被统治者之间签订的统治契约。因此要想理解一以贯之的个人主义式的社会契约论主张，我们必须回到洛克和卢梭那里，因为霍布斯论述社会契约论的方法是个人主义式的，但是其结论却走向专制主义，这不是逻辑推论出了问题，而是霍布斯的初衷就是维护王权专制统治。尽管内战的阴影笼罩着霍布斯，但是霍布斯应当认识到，也许正是专制主义引发人们的不满和内战的，而不是自由和平等。

---

① 《马克思恩格斯全集》第1卷，人民出版社1956年版，第439页。

洛克是辉格党人，辉格党人是王权专制主义的坚定反对者，洛克的社会契约论是反对君主专制的理论。经历了霍布斯的背离，洛克恢复了社会契约论的个人主义前提，即社会契约不是用来为形成专制权力的统治服务的，而是通过界定政治权威来保障和扩大人的自然权利。在洛克那里，自然状态是自然法统治下的和平状态，自然法规定了人们享有生命、自由和财产的权利。但是，自然状态缺乏公共裁判者，每个人都是自然法的执行者，每个人都有权惩罚违反自然法的人。但是，当人们利用自然法处理涉及自己的案件的时候，却带来种种不方便的情况：一方面，由于利害关系而使人存有偏见，不能公正地执行自然法；另一方面，由于对自然法缺乏研究而使人陷入无知，在解释和利用自然法时出现疏漏和偏差。自私使人在作为自己案件的裁判者时偏袒自己和他们的朋友；心地不良、感情用事和报复心理都会使他们过分地惩罚别人；"对自己的事件过分热心，同时，疏忽和漠不关心的态度又会使他们对于别人的情况过分冷淡"①。结果只会发生混乱和无秩序。也就是说，如果自然法不能得到充分的尊重和准确的理解，每个人都充当自己案件的裁判者就会引发冲突甚至是战争，战争状态一旦开始就会持续下去。为了避免并补救自然状态的种种不便，避免霍布斯式的战争发生，人们通过社会契约建立了公民社会，把私人裁判权让渡给社会以便形成公共法官，也就是人们通过进入政治社会而转让自然法的执行权力。"于是每一个别成员的一切私人判决都被排除，社会成为仲裁人，用明确不变的法规来公正地和同等地对待一切当事人；通过那些由社会授权来执行这些法规的人来判断该社会成员之间可能发生的关于任何权利问题的一切争执，并以法律规定的刑罚来处罚任何成员对社会的犯罪；这样就容易辨别谁是和谁不是共同处在

---

① [英]洛克：《政府论》下篇，叶启芳、瞿菊农译，商务印书馆1964年版，第78页。

一个政治社会中。"① 在洛克那里，建立公民社会是为了更好地保护和实现自然权利，公共权威——公民政府——是裁判争端，保护个人自然权利的工具，个人的自然权利从自然状态进入社会状态，并没有受到侵犯和贬损。在社会状态中，法律不是废除或限制了人的自由，而是保护和扩大了自由，这其中就包括人的财产权，洛克对财产权的强调使其成为正在迅速崛起的资产阶级的代言人，洛克认为，私有优于公有，因为公有的东西不受人重视。洛克认为，保护和扩大人的自由，就必须把人置于法律之下，因为法律对所有人都一视同仁，不论贫富、不论权贵，法律并不因特殊情况而有出入。这就是我们所说的形式平等。洛克只承认这种平等，而不承认财产占有上的平等，因为洛克特别地为因"劳动、交换、合同或遗赠……而导致的'私人占有的不平等'做了辩护"②。

卢梭的情况稍微复杂些。卢梭通过社会契约而建立的公民社会也是为了更好地保护个人的自然权利。当自然状态中出现不利于人类生存的种种障碍，并且依靠个人的力量无法克服的时候，公民社会的建立就成为必要。当个人无法依靠自己的力量自存，唯一的办法就是形成一种力量的总和，大家共同协作来克服困难。那么如何形成力量的总和？卢梭主张通过社会契约，使"每个结合者及其自身的一切权利全部都转让给整个整体"。表面看起来，卢梭和洛克的学说有很大不同，洛克让人转让的只是私人裁判权，而卢梭主张转让全部权利。权利如果全部转让出去了，就没有自然权利了，这岂不是为了克服自然状态的种种障碍就得失去得之于自然的权利，人因此而失去了自由，成为奴隶？卢梭在之前对野蛮人追求自由的种种赞誉岂不是变成了虚伪的空谈和托词？卢梭把自由看作做

---

① ［英］洛克：《政府论》下篇，叶启芳、瞿菊农译，商务印书馆1964年版，第53页。
② ［英］迈克尔·莱斯诺夫：《社会契约论》，刘训练、李丽红、张红梅译，江苏人民出版社2005年版，第90页。

人的资格,自由是上天赐予人的最宝贵的礼物,生命可以失去,但是自由不能转让,更不能被别人滥用。因此我们不能从字面上来理解卢梭关于全部转让的思想。

在卢梭那里,转让有"转换"的意思,通过社会契约,自然状态转换为社会状态,自然权利转换为社会权利。因此,"人类由于社会契约而丧失的,乃是他的天然的自由以及对于他所企图的和所能得到的一切东西的那种无限的权利;而他所获得的,乃是社会的自由以及对于他所享有的一切东西的所有权。为了衡量得失时不至于发生错误,我们必须很好地区别仅仅以个人的力量为其界限的自然的自由,和被公意所约束着的社会的自由;并区别仅仅是由于强力的结果或者是最先占有权而形成的享有权,和只能是根据正式的权利而奠定的所有权"①。卢梭的思想并没有背离西方个人主义自由观,这种自由观奉行的是法律之下的自由,也就是形式平等的自由观。但是卢梭对这一思想进行了转换,即自然状态下的自然法被转换为社会状态下的人定法,自然法来自上帝,而人定法来自公共意志。上帝面前人人平等被卢梭转换为法律面前人人平等,因为法律服从的公共意志具有普遍性,而不是个人的专断意志。从自然状态走向社会状态,人的自由不但没减少,反而增多了,这是卢梭列出这张自由得失的收支平衡表的目的。卢梭之所以用"全部转让"这一表述,目的是避免发生他在《论人类不平等起源》中提出的社会起源说,即富人为了"保护自己财产,使穷人依附于富人"而欺骗穷人签订的契约,这个契约不是平等的主体之间签订的,富人依然停留于自然状态,享有自由,只是把社会的羁轭套到了穷人身上。卢梭说转让必须是彻底的,任何人不能有保留;强调彻底是为了平等。

人是先于社会的独立存在,这种观念之所以会产生,是与机械

---

① [法]卢梭:《社会契约论》,何兆武译,商务印书馆1980年版,第26页。

论的社会观存在着密切关系。在近代以前，社会一直被看作一个有机体，在有机体中，部分不能单独存在，它存在的意义和价值都是由整体赋予的。在有机论社会观看来，整全性属于社会共同体，个人就其自身来说是不完整和不充分的，就像人的四肢不能离开人的身体一样，个人也离不开他人和社会，因此，个体人类的自治是根本不可能的。对他人和社会无所求的人，就像神一样，根本不是共同体的一部分。机械论最早出现在17世纪自然科学关于自然的观念中，牛顿力学确立了机械论的科学纲领，英国哲学家霍布斯和洛克把科学中的机械论自然观上升为机械论哲学，"牛顿经典力学和英国的机械论哲学传到法国后，对18世纪法国思想界的启蒙运动起了决定性的影响。……'机器的隐喻'统治着早期的思想，以至于不仅物理的宇宙，而且社会、动物甚至人类都被看作是同样的机器"[①]。到了19世纪，机械论成为人们普遍接受的世界观。机器是由零部件组成，零部件构成机器，机器也可以拆分成零部件。机器的组装过程就是由简单到复杂的组合（综合）过程，就像数学中的加法；机器的拆分过程就是由复杂到简单的分解（分析）过程，就像数学中的减法。分解就是从结果推导到原因，组合就是从原因推导到结果。这就是霍布斯把机械论运用于哲学所得出的分析问题的数学加减法。以机械论观点看社会，社会就是由个人组成的集合体，在社会中我们看到的就是一个个的"个人"，就像零部件一样被"拼接"在一起，他们不是由整体发动起来的，而是一个推动一个地运转起来。当把社会还原为个人，社会就不存在了，成为一个虚假的概念。

以机械论来理解社会必然会产生个人主义价值观：个人是最真实的存在，社会是派生物；如果社会是派生的，那么社会利益（公共利益）也是个人利益派生的，即一个个的个人利益相加的集

[①] 刘大椿：《自然辩证法概论》，中国人民大学出版社2008年版，第88页。

合体。曼德维尔和亚当·斯密关于"私恶即公益"的观点就是来源于这种机械论的社会观,因为集体利益被看作个人利益的总和。从这种逻辑出发,只要个人一心一意追求个人利益,并使个人利益得到实现,公共利益自然也就得到了实现,这种观念实际上贬低了道德上的善——无私。而按照有机论的社会观,公共利益可不是个人利益的简单相加,公共利益大于个人利益的总和。而且个人利益相加也不一定是一加一等于二的关系,二者相加有可能等于零,因为一个人利益的实现可能是建立在对他人利益的损害基础上的,我们把这种正负相加等于零称为"零和博弈",零和博弈属于非合作博弈。

我们再看个人主义所强调的个人之间的"分立性"观点。人与人之间不是互相依存的,而是相互分立的,这意味着市民社会把个人看作"自足"的存在,个人被赋予了"整全性"和"完整性"。个人既不是社会共同体中不可分割的一部分,也不是社会共同体的机能,而只是单子论意义上的纯粹的个体。莱布尼茨的单子论是这种个人主义观点的哲学表达,在莱布尼茨单子理论中,单子是组成复合物的最后单元,单子是独立的和封闭的,每个单子都代表着整个的世界。莱布尼茨的单子就是笛卡尔所说的实体,用实体概念来说明个人的自足性和完整性是再恰当不过了;在笛卡尔那里,"实体乃是无需凭借任何事物只需凭借自身就成为自己的东西"[①]。

突出个人的完整性和自足性,是为了说明人与人之间不是相互依存,而是彼此分立的;人与人之间不是合作的关系,而是彼此对立和竞争的关系。自由竞争资本主义奉行的是弱肉强食的丛林法则,达尔文的适者生存逻辑实质上是强者逻辑,只有强者才适合生存下去。社会达尔文主义的潜台词就是不能同情弱者,同情弱者将

[①] [美]大卫·雷·格里芬:《后现代精神》,王成兵译,中央编译出版社2012年版,第22页。

阻碍人变得强大，不利于社会的进化和发展。尼采认为，只有弱者才讲仁慈，仁慈是奴隶的道德观念，是"畜群"平庸的价值观。讲仁慈和善良会削弱人的生命意志，使人变得羸弱。生命意志是"强有力地肯定个体力量的冲动。正如尼采说的，'最强有力的和最高的生命意志并不在可怜的生存斗争中寻求其表达，而是在战争意志中寻求其表达。哪里有权力意志，哪里就有进行征服的意志！'"[①]这种思想实质上是为早期自由竞争资本主义所奉行的丛林法则服务的：只有使人处于对立和竞争状态，才能发挥人的内在潜能，促进经济效率的提高和社会财富的创造。

  作为经济领域，市民社会就是个人之间自由竞争的战场，"看不见的手"——自由市场经济被赋予了神奇的功能，它使政府沦为"守夜人"。亚当·斯密在《国富论》中说人的本性都是自私的，每个人追求的都是自身利益，"面包师起早做面包，不是因为可怜那些没有早饭吃的人，而是为了追求自己的利益"。应当鼓励而不是限制个人对自身利益的追求，人们不用担心由此会造成对他人和社会利益的损害，因为在一只看不见的手指引下，个人对自身利益的追求会不经意地促进他人和社会利益。也就是说，公共利益的实现不是个人有意而为之的结果，人的主观上的利己之心客观上产生了利他的效果。公共利益的实现不再寄希望于人的道德，斯密说在促进社会利益上，自私比起真正想促进社会利益的动机效果更大。利己主义是市民社会的原则，斯密试图用"看不见的手"把个人私利引向公共利益，以此来证明利己主义原则的合理性。按照斯密的逻辑，允许个人在市场上不受道德约束地追求自身利益，得到了道德上的证明。为了把自我利益作为生活的运行原则，现代道德事业的主要倡导者的主张"提供了一种辩术，用以把那些事实上主张偏爱任意意志和欲望的意见藏匿到了道德面具后面。……克拉珀

[①] [美] S. E. 斯通普夫、J. 菲泽：《西方哲学史》，匡宏、邓晓芒等译，世界图书出版公司 2009 年版，第 356 页。

姆教派的福音教徒在启蒙运动的道德中看到了自私和罪恶的合理性或将之合理化的伪装；接下来的福音派教徒那些摆脱了束缚的孙子们和他们维多利亚时代后继者们把福音教徒的虔诚视为伪善；而随后被 G. E. 摩尔的观点解放了的英国上层人士则把维多利亚时代的半官方文化设置看作毫无掩饰的浮华伪装"①。

自私自古有之，但是，只有到了资本主义社会，它才作为一项制度被确立下来，并被赋予道德的合理性。西方所谓的人权，在马克思看来，它不过是狭隘的、封闭在自身的个人的权利，是利己主义的人所拥有的权利。这种权利"没有超出利己主义的人，没有超出作为市民社会的成员的人，即作为封闭于自身、私人利益、私人任性、同时脱离社会整体的个人的人。在这些权利中，人绝不是类存在物，相反地，类生活本身即社会却是个人的外部局限，却是他们原有的独立性的限制"②。市民社会代表了一种分化的力量，在市民社会中，每个人都从群体中分化出来而成为一个独立的封闭的个体。阿伦特为此而指出，现代性使人远离了天国，但是，它并没有把人抛回世界，而是把人抛回了自身，使人局限于自身，封闭于自身，人对自身表现出忘乎所以的关注和操心，"并试图把所有经验，对世界的以及对他人的经验，都还原到人和他自身之间的经验上"③。

在人权思想中，人不是被看作"类"存在物，而是作为"私人"存在的，他的现实的生命活动只能具有私人的特殊的意义。作为私人进行活动的人只关心自身利益，只有在把他人作为实现自己利益的工具时才会与他人发生关系，他人成为实现自己目的的手段；反之亦然。弗洛姆认为，"人被人利用"的原则是资本主义社

---

① [美] A. 麦金泰尔：《德性之后》，龚群、戴扬毅译，中国社会科学出版社 1995 年版，第 91—92 页。
② 《马克思恩格斯全集》第 1 卷，人民出版社 1956 年版，第 439 页。
③ [美] 汉娜·阿伦特：《人的境况》，王寅丽译，上海人民出版社 2009 年版，第 203 页。

会的基础，"利用"这个概念只涉及这一基本事实：人服务他人并不是为了他自己的目的，而成了他人实现其经济利益的工具。这样，人与人之间的关系就变成了利益关系，因利益而连接在一起的关系不是内在的，而是外在的、工具性的关系，这种外在的、工具性的关系的表现形式就是契约，正如黑格尔所说，"导致人去缔结契约的是一般需要、表示好感、有利可图等等"。契约在拉丁语法学者那里被称为"耐克逊"，即"交易"，在交易中通过契约明确双方的权利和义务。契约关系是一种自愿、平等的交换关系。契约的自愿性就是我们通常所说的买卖自愿，交换自由，因此，契约关系是一种"合意"关系，"契约是一个过程，在这个过程中表现出并解决了一个矛盾，即直到我在与他人合意的条件下终止为所有人时，我是而且始终是排除他人意志的独立的所有人"[①]。契约是平等关系，"契约以当事人双方互认为人和所有人为前提"，也就是说，在契约关系中，人被视为拥有者，无论你拥有的是什么，通过合意的契约都可以让渡，在这一点上是平等的。这就意味着市民社会中的一切东西都可能被作为商品来售让，除了土地、资源、货物等，人的劳动能力也能被当作商品来售卖，当劳动力被视为商品，它与其他商品就没有什么实质区别了。把劳动力当作商品被视为资本主义社会的最大特色。"工人，或者更恰当地说，它的劳动力，是一种商品，供资本家购买，与市场上的其他商品没有什么根本的差别，买主会将它利用到极致。由于劳动力是在劳动力市场上以适当的价格购进的，因而劳资双方没有什么互惠感，资本家除了付给工人工资之外，没有任何义务。即使成千上万的工人失业，在死亡线上挣扎，那是因为他们时运不佳，才能太差，或者是无法改变的社会及自然法则作用的结果。剥削不再是某个具体的人的行为，剥

---

① [德]黑格尔：《法哲学原理》，范扬、张企泰译，商务印书馆1961年版，第81页。

削者在某种程度上隐身了。"①

当人与人之间变成利益关系，人也就变成了金钱的玩物。封建社会是人对人依赖的人身依附关系社会，资产阶级政治革命使人摆脱了人身依附，人却陷入对物的依赖之中；资本主义市民社会就是人对物的依赖的社会，我们可以把这个"物"理解为商品和货币，货币是特殊的商品，它象征着价值。货币作为交换媒介，具有交换价值；当人们把注意力转向交换价值时，就会出现货币拜物教。作为商品拜物教的发展形式，货币拜物教赋予了金钱支配人类命运的神奇力量，人们因此而把金钱当作神——"万能之物"——来崇拜。这是因为货币"具有购买一切东西的特性"，"货币是需要和对象之间、人的生活和生活资料之间的牵线人"；货币是"一切纽带的纽带"，货币把我同人的生活，同社会、自然和人联结起来；依靠货币而对我存在的东西就是我自身，也就是说，货币决定"我是什么"。"我是什么"不取决于我的个人特征，"我是丑，但我能给我买到最美的女人。可见，我并不丑，因为丑的作用，丑的吓人的力量，被货币化为乌有了"。我是一个邪恶的人，可是我拥有的"货币是受尊重的，因此，它的占有者也受到尊重"②。

把货币当作万能之物来加以崇拜的结果是我的本质被异化，我的力量大小不取决于我，而取决于我占有的货币力量的大小。我并不懂得音乐，也不会欣赏音乐之美，但是我能用钱买下整个乐队，乐队也不会因为我是一个五音不全的人而拒绝给我演奏音乐，只要我愿意付钱。虽然我讨厌读书，但是我能买下整个图书馆来装点我的门面，人们也会以我是一个热爱读书，喜欢探讨问题的人而尊重我。虽然我丑，但是我有钱，能买到一个漂亮的女人，人们会以为漂亮的女子喜欢我，是因为我长得非常帅，以至于人们平常公认的

---

① [美] 艾里希·弗洛姆：《健全的社会》，孙凯祥译，上海译文出版社 2011 年版，第 74—75 页。
② 马克思：《1844 年经济学哲学手稿》，人民出版社 2014 年版，第 139 页。

帅小伙都开始怀疑起自己的审美眼光。

把货币当作万能之物来崇拜的结果是美丑、善恶观念被颠倒，货币创造了一个颠倒的世界。马克思在《1844年经济学哲学手稿》中写道："因为货币作为现存的和起作用的价值概念把一切事物都混淆了、替换了，所以它是一切事物的普遍的混淆和替换，从而是颠倒的世界，是一切自然的品质和人的品质的混淆和替换。谁能买到勇气，谁就是勇敢的，即使它是胆小鬼。因为货币所交换的不是特定的品质，不是特定的事物，不是人的本质力量，而是人的、自然的整个对象世界，所以，从货币占有者的观点看来，货币能把任何特性和任何对象同其他任何即使与它相矛盾的特性和对象相交换，货币能使冰炭化为胶漆，能迫使仇敌互相亲吻。"①

货币不是现代社会才出现的，为什么在古代社会没有货币拜物教，而偏偏出现在资本主义市民社会？原因是古代社会虽然也有商品交换，但它只是自然经济的补充形式，仅限于简单的商品生产和交换，为了满足生产生活所必需；人们进行交换不是为了牟利，而是为了换取自己不能生产的东西，人们是为了商品的使用价值而进行交换的。"简单商品生产过程，即 C—M—C（商品—货币—新的商品），起始并结束于商品的具体使用价值。货币仅仅是一个促进交换的媒介，其目的在于获得增加的使用价值。"② 而到了资本主义社会，简单的商品生产让位于资本的循环，C—M—C 被 M—C—M 取代，资本成为中心，资本的循环的目的是使资本获得增值，商品或使用价值只是一个用来扩张交换价值的中介环节。也就是在市民社会中，人们看重的是事物的经济价值，交换价值而不是使用价值。货币作为交换价值被人崇拜，除了其具有购买一切东西的特性外，还有一个重要原因是它突破了货物累积的限制，"具体的使用

---

① 马克思：《1844年经济学哲学手稿》，人民出版社2014年版，第141—142页。
② ［美］大卫·雷·格里芬：《后现代精神》，王成兵译，中央编译出版社2012年版，第167页。

价值在贮藏中由于熵增加原理会耗损或变质,与此不同,抽象的交换价值可以无限地积累而不会耗损或变质"①。在人们看来,拥有货币——财富的象征和符号——与拥有具体的财富一样真实、一样可靠,这就使人产生了无限累积的欲望。

在市民社会中,人蜕变为利己主义者。霍布斯所说的"自然人"实际上生活在市民社会中,霍布斯根据他对市民社会的阅历来描述自然人,自然人就是在把利己主义当作运行原则的社会中对自己欲望和贪婪丝毫不加以掩饰而自然流露的人,因为这个社会并不鄙视自私贪婪的人,这样的人反而成为亚当·斯密式的对社会有贡献的人,赚钱越多,过着奢侈的生活,就越是成功人士,对社会的贡献越大。反社会的人并不像卢梭说的那样"心灵平静",而是"欲望永无止境","至死方休"。在卢梭那里,野蛮人反社会是为了追求绝对的独立,纯然过着自己的生活,也可以说,野蛮人是厌世者,犯有"社交恐惧症",厌倦了社交场合里人的那种被文明装点过的虚伪和做作。而到了霍布斯那里,反社会目的给自己的欲望和贪婪松绑,什么自私的禁忌,什么道德的限制,什么法律的约束,这些都会影响人去实现自己的野心。自然状态是贪婪者的"理想"社会,在那里,他可以毫无顾忌地实现自己的欲望。卢梭把人从社会中抽离出来却使其成为一个自爱的人,而霍布斯把人从社会中抽离出来却使其成为一个利己主义者,没有社会情感和他者观念的自私的人。人生活在社会中,而启蒙运动却通过启蒙把人培养成反社会的人;在卢梭那里,反社会的人除非成为过着沉思生活的哲学家,否则都生动地出现在霍布斯的笔下。

---

① [美]大卫·雷·格里芬:《后现代精神》,王成兵译,中央编译出版社2012年版,第168页。

第五章

政治解放：形式平等与人的异化

如果我们沿着卢梭的思想路线继续往前走，就会看到导致人的自由的天性败坏的是人与人之间的不平等，因为没有平等，就没有自由。不平等产生于私有财产制度，而卢梭认为这一制度的形成是富人对穷人的欺骗，我们也可以把这理解为统治阶级所撒的一个冠冕堂皇的意识形态谎言，并找到了一大堆拥护者，而这些拥护者不知道自己被套上了新的枷锁。恢复人的自由的天性，就要消灭不平等，可是，资产阶级启蒙思想家却发现了一个难题，这个难题就是他们宣传的人权思想离不开财产的支撑，他们不愿意明说的是他们所宣传的人权思想是为资产阶级服务的，因为他们要争取那些没有财产的穷人对资产阶级革命的支持。卢梭曾看到的欺骗的谎言再次上演，那就是资产阶级启蒙思想家抛出了形式平等的主张，把资本主义社会打扮成人人平等、一视同仁的法治社会，以此来掩盖人与人之间在财产占有上事实上的不平等，并把事实平等妖魔化，即事实平等与自由不相容。这种形式平等仅仅停留在交换领域。马克思通过他的人的异化理论深刻地揭示了资产阶级启蒙思想家所宣传的形式平等的谎言。

一 不平等使人的天性败坏

让·雅克·卢梭持有文明退步论："对于你们现在的状态，你们有种种理由感到不满,因为它们预示着你们的不幸的后代还将感到更大的不满,以致你们反而愿意往后倒退:这种心境的本身就表明,你们在颂扬当初的祖先,在批评你们同时代的人,对那些不幸出生在你们之后的人感到担心。"①

卢梭持有文明退步论的原因是他对人性的看法是乐观的,而对文明的看法是悲观的。卢梭对人性的看法是乐观的,因为卢梭认为,人生而自由,人因此生而善良、高贵:野蛮人孤独但却不冷漠,富有怜悯心;野蛮人自爱但却不贪婪,富有平和心;野蛮人反对拘束但却不鲁莽,富有勇敢心。野蛮人不以自由换平安,敢于向奴役说"不"。卢梭对文明的看法是悲观的,因为卢梭认为,文明窒息了人的天生的自由情操,使人无往不在枷锁之中。随着人的天生的自由情操的被窒息,人也逐渐走向堕落。人的自由的天性被败坏,人们喜爱自己被奴役的状态,进而人的善良而高贵的天性也被败坏,具体表现为人们徒有虚荣的外表,都是人为的和装出来的:人们"看起来光荣而实际上不符合道德,看起来富于理性而实际上缺乏智慧,看起来快乐而实际上并不幸福:这一切,怎么会全都是虚假的和骗人的外表?"② 在卢梭看来,自由的人表里如一,善良的人反对用德行来换取荣誉,他们是喜欢赤身裸体上阵的运动员。也就是说,内心善良的人做善事不图回报,如果不图回报是为了使自己心情愉悦,这也是一种虚荣心,这是卢梭所坚决反对的。后来康德把卢梭的这一思想发展为"善良意志"学说,善良意志是无条件的,如果做好事是为了获得心灵愉悦或者是心安,这都不是善良意志。不图回报的无私的善良怎么能够持续,怎么能被更多的人效仿?康德认为,人必须有信仰,这种信仰使人相信来世的奖赏。康德这一思想也是受到了卢梭的启发,因为卢梭说人如果没有

---

① [法]卢梭:《论人与人之间不平等的起因和基础》,李平沤译,商务印书馆2015年版,第50页。
② [法]卢梭:《论人与人之间不平等的起因和基础》,李平沤译,商务印书馆2015年版,第123页。

信仰就不可能有美德，在卢梭那里，良心被称为"天良"，即"天国的声音"。但是，相信来世的奖赏，也还是图回报，这是信仰的功利主义。

在《论科学与艺术》中，导致人天性败坏的，卢梭认为是文学、艺术和科学的发展："科学、文学与艺术，由于它们不那么专制因而也许更有力量，就把花冠点缀在束缚着人们的枷锁上，它们窒息人们那种天生的自由情操——看来人们本来就是为了自由而生的，——使他们喜爱自己被奴役的状态，并且使他们成为人们所谓的文明民族。"[1] 卢梭认为科学艺术越完美，人的道德风尚越腐败。这不是某一时代或某一民族所独有的，而是贯穿文明发展始终。"我们的灵魂正是随着我们的科学和我们的艺术之臻于完美而越发腐败的。能说这是我们时代所特有的一种不幸吗？不能的！各位先生，我们虚荣的好奇心所造成的恶果是和这个世界同样的古老了。就连海水每日的潮汐经常受那些夜晚照临着我们的星球的运行所支配，也还比不上风尚与节操的命运之受科学与艺术进步的支配呢。我们可以看到，随着科学与艺术的光芒在我们的地平线上升起，德行也就消逝了；并且这一现象是在各个时代和各个地方都可以观察到的。"[2]

而在《论人与人之间不平等的起因和基础》中，卢梭却认为致使人的天性败坏的是人与人之间的不平等。卢梭的推论是：没有平等，就没有自由；而丧失自由，人就听不到内在的良心的声音，从而使人道德堕落。因此，"使我们所有的自然倾向发生变化和遭到败坏的，是社会的风气和它所产生的不平等现象"。既然对不平等的追求是人类道德败坏的主要原因，那么导致人的天性败坏的文学、艺术和科学就是建立在不平等基础上的。显然，卢梭所抨击的艺术与科学实质上就是资产阶级革命之前的占统治地位的封建贵族

---

[1] ［法］卢梭：《论科学与艺术》，何兆武译，商务印书馆1963年版，第8页。
[2] ［法］卢梭：《论科学与艺术》，何兆武译，商务印书馆1963年版，第11页。

阶级的"虚伪的科学与腐朽的艺术"。也就是为了满足封建贵族阶级的虚荣心、好奇心和奢靡生活的科学艺术。

二 导致不平等的私有财产制度起源于富人的谎言和欺骗

在自然状态中几乎不存在不平等现象,不平等是社会现象,是人为的,而不是自然现象。卢梭认为,不平等之所以会产生和发展是因为私有制以及维护私有制的法律的出现和实施,而私有制以及维护私有制的法律起源于谎言和欺骗。聪明人对头脑简单的人编造了这样的谎言:"文明社会的真正奠基人是这样一个人,他第一个圈起一块地,并想到说:'这是我的!'而且他居然能找到一群头脑简单的人相信他。然而,很有可能没有人站出来,拔掉树桩,填平地沟,向人们喊道:'不要相信这个骗子!你们不要忘记大地上的所有果实都是属于大家的,而土地不属于任何人,如果你们忘了,你们就要遭殃了。'"①卢梭认为事情极有可能已经不可避免地这样发生了。有了"你的"和"我的"之分,不平等就产生了。"人与人之间有了等级和出身的区别,这些区别不仅包括个人财富的多少,能影响他人能力的大小,也在于个人的才智、美丽、体力、技术、价值和智慧,只有这些品质才能得到别人的尊重;不久之后,这些品质就成为人们必须拥有或者最起码假装拥有的东西了。"②

卢梭认为,建立在私有财产基础上的不平等使人具有了对财富的热望,对超越别人的渴望,这激起了人们之间的竞争、对抗和利益冲突。当可供人们占有的土地越来越少的时候,一个人只有通过损害他人的财产才能扩大自己的财富。这样一来,就产生了统治和

---

① [法]卢梭:《论人类不平等的起源》,高修娟译,上海三联书店 2009 年版,第 49 页。

② [法]卢梭:《论人类不平等的起源》,高修娟译,上海三联书店 2009 年版,第 58—59 页。

奴役、暴力和劫掠，平等一旦被打破，"最可怕的混乱就会随之而来"：富人和穷人相互劫掠，最强者和先占者持续冲突。在这场持续不断的冲突中，占有财产的富人最为害怕，因为"无论他们如何为自己的巧取豪夺进行辩护，他们都明白他们的财富的基础本来就是不稳定也不是正当的，……即使是通过勤劳致富，人们也很难为自己的财产做更好的辩护，即使是这样说也徒然：'我建了这堵墙，这块土地是我劳动所得。'"① 富人为了维护他们的利益，经过深谋远虑的计划，再次对那些穷人进行了诓骗，向人们灌输了这样的观念：如果我们互相对抗，那么无论是富人还是穷人，都不可能得到安宁。"让我们联合起来吧，保护弱者免受压迫，制约强者的野心，使每个人的财产都毫无例外地受到保护。让我们建立维护公正和和平的规则，人人遵守，让强者和弱者一样相互承担义务，以在某种程度上弥补命运的不公。"② 穷人是没有财产需要保护的，所谓公正的规则保护的只是富人的财产，穷人对富人的依赖关系依然没有改变。这样的规则创造了平等的假象，实则保护了富人，限制了穷人。天然的自由被彻底摧毁了，保护私有财产和不平等的法律制度建立起来了。"这种法律将富人的巧取豪夺变成一种不可变更的特权，为了少数野心家的利益，使全人类陷入无穷无尽的劳苦、奴役和悲惨的境地。"

无论卢梭所说的是否为真，这都不重要，因为谁也不能否认地位不平等的人之间，无论是穷富，还是强弱，是不可能平等相待、互相真诚合作的。强势一方不会主动放弃自己的既得利益，为了维护自己的既得利益，他们不是使用暴力，就是使用欺骗手段，而暴力不能带来合法性，强力不可能产生出什么道德。卢梭认为，向强力屈服，不是一种意志行为，它最多不过是一种明智的行为；面对

---

① [法]卢梭：《论人类不平等的起源》，高修娟译，上海三联书店2009年版，第60—61页。
② [法]卢梭：《论人类不平等的起源》，高修娟译，上海三联书店2009年版，第61页。

强力,明哲保身。难道只能使用欺骗吗?封建专制统治者最擅长的就是愚民政策,愚民政策发挥作用的关键是要做到冠冕堂皇。或托之于神道设教的道理,或把自己打扮成具有牺牲精神的圣徒,非要去拯救别人。

三 启蒙思想制造了形式平等的谎言

对于启蒙思想家来说,既然是不平等败坏了人的自由的天性,那么使人回归自身,恢复人的天赋自由,就要打破不平等。这样,在自由主义的历史意识中,自由与平等的观念就勾连在一起,得以共同发展,正如卢梭所说,"平等,是因为没有它,自由便不能存在"[①]。1789年法国的《人权宣言》第一条就是反对因出身所带来的不平等:"人们生来并且始终是自由的,在权利上是平等的;社会的差别只可以基于共同的利益。"但是,资产阶级反对封建主义的政治革命所追求和许诺的平等只能是形式上的平等,形式上的平等使平等流于形式。所谓形式上的平等,即是将平等理解为纯粹的形式与法律原则,它不包含经济与社会的实质内容。虽然卢梭反对不平等,但是却不赞成实质平等。正如卢梭所说:平等这个词"不是指权力与财富的程度应当绝对相等"。从卢梭对平等的这种理解上,我们可以看出,那种认为卢梭主张公有制和实质平等的观点显然是错误的;卢梭并没有共产主义理想,他也没有主张建立社会主义社会,卢梭希望建立的只是资产阶级共和国。卢梭确实说私有制导致不平等,但这不等于说卢梭就反对私有制,卢梭只是希望在财产的占有上人与人之间的差距不要过大,为此卢梭提出这样的要求:"大人物这一方必须节制财富与权势,而小人物这一方必须节制贪得与梦求。"[②]

---

① [法] 卢梭:《社会契约论》,何兆武译,商务印书馆2003年版,第66页。
② [法] 卢梭:《社会契约论》,何兆武译,商务印书馆2003年版,第66页。

卢梭同意约翰·洛克的观点，即没有财产的地方，就不会出现公正问题，换言之，有财产的地方就不会有平等。可是启蒙思想家从自然法中推演出来的人的自然权利——人权——中却包含财产权，卢梭与洛克都主张按照自然法，人可以保有不受他人损害和侵犯的所有物，包括生命、自由和财产。如果财产对于人的天然自由的发展是必不可少的，那么它就不应当被少数人独享，所有人都应该成为财产的所有者，这才叫（实质）平等。如果按照这样的推论，资产阶级启蒙思想家的人权思想应该导向社会主义和共产主义，而不是资本主义。资产阶级革命建立的是资产阶级统治的社会，私有制是其基础，离开了私有制，资本主义是建立不起来的。为了解决这一体现在资产阶级人权思想中的矛盾，启蒙思想家只能把包含经济社会内容的实质平等排除在外。于是，卢梭所斥责的富人欺骗穷人的契约再次上演，资产阶级启蒙思想家对人们说："私有财产神圣不可侵犯！它是我们自由的保障。我们大家已经不平等了，为了防止特权，必须以同一个标准对待大家。让我们建立一个法治社会，使每个人都置于共同的约束之下，无论其地位高低，还是财富多少。法律对穷人和富人都一样。"多么具有欺骗性的言论，例如法律规定任何人不许沿街乞讨，不许露宿街头！这一规定从表面上看是针对所有人的，但实际上沿街乞讨和露宿街头的却不是所有人，而是社会底层的悲苦大众，这就是不考虑实际是否平等的形式平等的虚伪性。法律也可能成为某些人用来论证其统治合法性的工具，在这种情况下，法律只是其专断意志的体现，但是却以立法的形式披上了合法性和普遍性的外衣。"有时候，你只能心服口服，他有那么多钱，想怎么用就怎么用，哪怕是用来砸水坑，你可能看不惯，觉得不公平，但它却可能是合法的，你还有什么话说？"[①]

[①] 陈培永：《解放的图景——马克思〈论犹太人问题〉如是读》，广东人民出版社2016年版，第35—36页。

唯有在法律面前，人与人之间才是平等的；法律面前人人平等，这么说并不是否认人与人之间事实上的不平等，反而是以此为前提。面对事实上不平等的人，启蒙思想家主张以同一个标准对待他们，而不是把公共资源向弱者倾斜，理由是我们不能以平等的名义伤害自由。启蒙思想家是把实际平等与自由对立起来，这显然是在维护有产者的自由，而不是所有人的自由。这就不足为奇了，为什么在西方倡导平等的思想传统中会出现达尔文和尼采这类主张适者生存和弱肉强食思想的思想家的原因：他们揭示了西方思想传统的真实意图，平等只是一个迷人的外表和幌子，好让人——尤其是弱者们——感觉没有什么违和感。在这种情况下，启蒙思想家所倡导的自由只能与形式平等相适应："只有法律和行为的一般准则的平等才能导向自由；我们只有在确保这种平等时，才不致伤害自由。自由不仅与任何其他种类的平等毫无关系，而且还必定会在许多方面造成不平等。"① 对所有人一视同仁，"这既不是因为它觉得人们事实上是平等的，也不是因为它企图使人们平等。这种论据不仅认为每个人都是非常不同的，而且它在很大程度上还有赖于这种不同"②。资产阶级统治的基础——私有制——决定了资本主义市民社会中的自由是抽象的，平等是形式性的，它缺少实质内容。形式上的平等与实质上的不平等并存，从而使人的存在被双重化。自由主义思想反对实质平等的理由是反对政府集权，实质平等只能通过财富的再分配来实现，而这将导致政府权力的集中；使不平等的人之间分配结果一样，只有通过控制个人选择的外部条件才能达到，这将导致个人自由的消失。在西方长期流行的对政府的看法是：管得最少的政府是最好的政府；政府是必要的恶，人世间的一切罪恶都可能是政府干出来的；政府的职责是消除罪恶，而不是为民造

---

① ［英］弗里德里希·奥古斯特·哈耶克：《自由宪章》，杨玉生、冯兴元、陈茅等译，中国社会科学出版社1999年版，第125页。
② ［英］弗里德里希·奥古斯特·哈耶克：《自由宪章》，杨玉生、冯兴元、陈茅等译，中国社会科学出版社1999年版，第126页。

福。不相信政府，这说到底是有产者害怕政府改变财富分配方式，损害自己利益。西方自由主义敌视（大众）民主，也是这个原因，他们害怕政府为了大多数人的利益，而损害大资产者的利益，于是才有了少数人的利益是否得到保障是衡量民主的重要标准的言论。20世纪上半叶发生了席卷整个资本主义世界的经济危机，英国经济学家凯恩斯认为经济危机的暴发是由于财富分配不平等导致的社会有效需求——有支付能力的需求——不足，他建议政府通过干预经济——主要是"劫富济贫"税收政策——增加社会有效需求来刺激消费。凯恩斯因此而被西方倡导自由主义的思想家视为社会主义者来加以攻击。即使凯恩斯主义被采纳，也只是作为应付危机的临时性措施。为了维护自己的统治，资产阶级对生产关系作了某些调整。

在资本主义社会中，形式平等只停留在流通领域，流通领域中的市场交换不需要实质平等，这种普遍的市场交换造成了平等的假象。"商品是天生的平等派"，"平等派"是指商品交换遵循等价交换的原则，这是价值规律的基本要求，即商品交换要以价值量为基础实行等价交换。等价交换原则背后体现的是交换主体之间的平等关系，在等价交换中发生关系的各主体被视为价值相等的人，等价交换的发生证明了他们是价值相等的人。无论一个人的种族、性别、出身、信仰和学识如何的不同，都不会影响交换的等价性和交换主体之间的平等性。货币的购买力不会因人而异，在作为交换媒介的货币面前，无论是买者，还是卖者，都没有高低贵贱之分，或者说，买卖只认"钱"，不认"人"。"手段的价值尺度，即价格，让人感到它是共同的或庸俗的，显然是因为它对所有的人一视同仁。"[①] 交换的主体是平等的，意味着交换关系的达成是自愿的，每个人都是自愿出让自己的所有物，以换取对方的所有物，交换关

---

① [英] 弗里德里希·奥古斯特·哈耶克：《致命的自负》，冯克利、胡晋华译，中国社会科学出版社2000年版，第110页。

系的达成是自由合意的,而不是强迫的。正如黑格尔所说,契约双方互认对方的人格是自由的,"契约是一个过程,在这个过程中表现出并解决了一个矛盾,即直到我在与他人合意的条件下终止为所有人"。① 在雇佣劳动中,雇佣关系的达成也不是强迫的。从表面上看来,工人出让自己的劳动力,资本家支付工资,都是基于双方的自愿。资本家并没有强迫某个工人把劳动力出卖给自己;工人有人身自由,这是劳动力成为商品的前提。资本家和工人双方各取所需:一个拥有资本,一个拥有劳动;一个需要工作,养家糊口,一个需要劳动力,创造价值,获取利润。工人与资本家之间形式上的平等,只是发生在流通领域;这种发生在流通领域中因交换关系而产生的平等掩盖了资本家和工人之间事实上的不平等,因为工人不能选择不把劳动力出卖给资本家,而且即使工人希望把劳动力出卖给资本家,也不一定能成功,在经济衰退、人口过剩、技术进步导致的机械排挤人等情况下,会出现大量工人失业。当出现大量失业人口的情况下,工人也就失去了与资方讨价还价的能力,作为"买方"的资本家将处于支配地位,仅有的形式平等也将丧失。

四 形式平等带给人的不是自由而是异化

对于资产阶级启蒙思想家来说,自由只与形式平等相适应,自由即法律之下的自由,任何实现实质平等的企图都将导致自由的丧失。人权只认形式平等,以致出现了这样的怪论:穷并自由着!对于这种形式平等下的自由主张,马克思给予了有力回击:没有实质平等,形式平等不但不能给人自由,反而使人陷入异化状态。在资本主义社会,人都被异化了,只不过是在异化的程度和形式上有所区别。

---

① [德] 黑格尔:《法哲学原理》,范扬、张企泰译,商务印书馆1961年版,第81页。

第五章 政治解放：形式平等与人的异化

异化最早是作为一个宗教现象而出现的，宗教中的异化现象就是指偶像崇拜。人对根据自己形象塑造的偶像顶礼膜拜，人的创造物反过来外在于人并支配人的现象被称为异化，在马丁·路德那里，《圣经》中的异化被理解为"自身丧失"，到了德国古典哲学家那里，异化又被理解为"外化"。明确作为哲学术语来使用并建立起异化理论的是黑格尔，在黑格尔那里，异化与外化和对象化含义相近，异化就是客体与主体，抽象的思维与感性的现实之间的对立。黑格尔哲学是头脚倒置的唯心主义哲学，他把绝对理念看作万物之源，自然界和人类社会——客观精神——都是绝对理念的具体表现形式，也就是自然界和人类社会是绝对理念的自身的创造，而不是外在于绝对理念的。如果人们意识不到世界是内在于人的精神的，把精神看作由外物创造的，那么人就被异化了。换言之，异化就是人意识不到自己的主体创造地位。"在黑格尔看来，异化就存在于意识不到这一点：世界并不是外在于精神的。因此，当人们明白自己的环境和文化都是精神的创造物时，异化就终止了。当人们明白这点时，他们就自由了，这种自由是历史的目的。"[1] 在黑格尔那里，异化还只是人们观念认识上的问题，解决异化问题就是转变观念；在这里，所谓转变观念就是从唯物主义转向唯心主义，把外在于精神的客体看作主体的造物，并为主体所掌握。从黑格尔对异化的分析中，我们总结出异化的基本含义：作为自己活动的产物的对象外在于自身，与人自身相对立。"所谓异化，是一种经验方式，在这种经验中，人感到自己是一个陌生人。我们可以说，他同自己疏远了。他不觉得自己是他那个小天地的中心，是他本身行为的创造者——他的行为及其后果反倒成了他的主人，他服从这些主人，甚至会对它们顶礼膜拜。异化了的人同自己失去了联系，就像

---

[1] [英] 戴维·麦克莱伦：《马克思思想导论》，郑一明、陈喜贵译，中国人民大学出版社2008年版，第112页。

他同他人失去联系一样。"①

异化在黑格尔那里，是一种精神现象，它反映了精神与外界世界之间的对立，黑格尔的异化论又被称为精神异化论。而马克思则把异化看作一种社会现象，它反映了人与自己的社会存在的疏离和对立；虽然异化是社会现象，但是它却不是普遍存在的，异化是资本主义制度特有的社会现象。马克思将异化"更明确地与资本主义生产，也就是与这样的一种方式联系起来：在这种生产方式中，财产关系本身是产生对工人的经济剥削并且由这种剥削来维持的，而不是以一种已经确立的政治强制的方式而存在的。……异化概念仍然是伦理的，因为马克思用它悲叹与资本主义相联系的人性丧失。同时，也可以说它是本质论的，因为它使马克思将共产主义视为'真正的人'的生存方式"②。在资本主义社会，异化是私有制的产物。资本主义建立在私有制基础之上，私有制导致资本与劳动的分离与对立，资本与劳动的分离使社会分化为两个阶级，即有产者阶级（资产阶级）和无产者阶级（工人阶级）。资本家拥有资本这种对劳动及其产品的支配权利，工人被看作劳动的动物，是既无资本又无地租，全靠劳动为生的人。资产阶级与无产阶级的分裂是劳动与生产资料分离的结果："资本主义生产方式的经常趋势和发展规律，是使生产资料越来越同劳动分离，使分散的生产资料越来越大量积聚在一起，从而，使劳动转化为雇佣劳动，使生产资料转化为资本。"

在资本主义社会，无论是资产阶级，还是无产阶级都被异化了，异化是以私有制为基础的资产阶级市民社会的普遍现象。如果把异化理解为有意识的人所遭遇的一种不自由状态，那么我们可以

---

① [美] 艾里希·弗洛姆：《健全的社会》，孙凯祥译，上海译文出版社 2011 年版，第 97 页。
② [英] 凯蒂·索珀：《人道主义与反人道主义》，廖申白、杨清荣译，华夏出版社 1999 年版，第 36 页。

说形式平等并没有给人带来真正的自由，它掩盖了人的实质上的不自由。在资本主义雇佣劳动制度下，平等只存在于流通领域中形式上的等价交换，一旦离开流通领域，进入生产领域，"原来的货币占有者作为资本家，昂首前行；劳动力占有者作为他的工人，尾随于后。一个笑容满面，雄心勃勃；一个战战兢兢，畏缩不前，像在市场上出卖了自己的皮一样，只有一个前途——让人家来鞣"①。

工人阶级的被异化存在于以下四种关系中：工人与其劳动、工人与其劳动产品、工人与其类本质、工人与其他人。

——工人与其劳动的异化。马克思把工人与其劳动的异化称为"劳动的外化"，或者是"外化的劳动"，这是资本主义社会劳动的显著特征。什么是劳动的外化？劳动的外化就是劳动外在于进行劳动的人，"劳动对工人来说是外在的东西，也就是说，不属于他的本质"。外在于我的劳动已经不是我的劳动，劳动已经不属于我，不归我支配，我不能按照我的意愿进行劳动；虽然我在劳动，但是我在劳动中已经不属于我自己，我甚至痛恨自己，厌恶我自己，劳动中的"我"不属于我自己，因为在劳动中的"我"不是听命于我，而是听命于别人，能够支配劳动的人。因此，人与其劳动的异化，就是作为人的"我"与劳动中的"我"相异化。用卢梭的话说，就是"看起来是"和"实际是"已经不是一回事，我对他人笑脸相迎，内心里却对对方充满厌恶，真实的想法和实际的表现发生了冲突，自我被分裂。

人在劳动中不属于自己，意味人不是按照自己的意愿进行自主劳动，劳动是非自愿的和被迫的，因为劳动已经被他人支配，这个他人就是非工人的资本家。工人是否出卖自己的劳动力，以及把自己的劳动力出卖给哪个资本家至少表面看起来是出于自愿的，但是一旦出让行为完成，工人进入生产领域，他的劳动就不归他所有，

---

① 《马克思恩格斯文集》第 5 卷，人民出版社 2009 年版，第 205 页。

他也不能按照自己的意愿进行劳动。这种非自愿的外化劳动使工人像逃避瘟疫那样逃避劳动，只有在劳动之外他们才"感到自在"、"觉得舒畅"。工人之所以逃避劳动，是因为工人在自己的劳动中，"不是肯定自己，而是否定自己，不是感到幸福，而是感到不幸，不是自由地发挥自己的体力和智力，而是使自己的肉体受折磨、精神遭摧残。因此，工人只有在劳动之外才感到自在，而在劳动中则感到不自在，他在不劳动时觉得舒畅，而在劳动时就觉得不舒畅。因此，他的劳动不是自愿的劳动，而是被迫的强制劳动。因此，这种劳动不是满足一种需要，而只是满足劳动以外的那些需要的一种手段。劳动的异己性完全表现在：只要肉体的强制或其他强制一停止，人们就会像逃避瘟疫那样逃避劳动"①。劳动使工人否定自己，感到不幸，那么为什么工人还要出卖自己的劳动力，进行劳动呢？答案是为了谋生，为了生存，虽然像逃避瘟疫一样逃避劳动，但是又不得不进行劳动。我们通常认为，人逃避劳动、不愿意劳动是因为懒惰，只想享受，不愿意付出辛苦，只有勤劳节俭才是值得提倡的道德情操。通过马克思我们了解到，人们并不是逃避所有劳动，而是逃避被迫进行谋生的劳动，即满足人的动物机能的劳动。在这种情况下，劳不劳动就不是一个道德问题，而是一个人活得有没有尊严的问题。正如艾里希·弗洛姆所说，如果工作的唯一意义是拿薪水，那么工作本身就无尊严和重要性可言。"毫不奇怪，这种态度会助长偷奸耍滑、少做事却拿同样薪水的风气。这种态度也使工人不愉快、不满意——因为一张薪水单实不足以作为他的自尊的基石。"②

对一无所有的工人来说，劳动是其唯一的谋生手段，工人只有被雇用，与资本相结合，才能进行劳动；只有劳动才能生存，也就

---

① 马克思：《1844年经济学哲学手稿》，人民出版社2014年版，第50页。
② ［美］艾里希·弗洛姆：《健全的社会》，孙凯祥译，上海译文出版社2011年版，第149页。

是说，工人只有得到别人的允许——被雇用——才能够生存。吃、喝、生殖这些生存必需是人的肉体需要，动物也有这些需要，满足生存需要就是满足自己的动物机能。马克思指出，满足肉体生存需要并不是人的真正需要，真正属人的活动是不受肉体需要的影响，"只有不受这种需要的影响才进行真正的生产"；只有不受肉体需要而进行的生产，人才能自由地面对自己的产品，因为这种生产是基于自己的兴趣和爱好。这种区别就像对木匠活乐此不疲的明朝皇帝朱由校与为了养活家人而奔走于市井中的苦命匠人之间的区别。前者是闲暇时间天赋的发挥，后者是谋生的需要，前者造出的床是艺术品，后者造出的床只是用来换钱的产品，即使这张床不符合他的心意，这也没关系，只要顾客需要就行，能卖个好价钱。这就是脱离谋生阶段和处于谋生阶段的人对自己劳动的态度的不同。

把人变成为了满足自己肉体需要而被雇用的工人，就要使动物的东西成为人的东西。从人到工人，再到肉体的主体，异化劳动使人沦丧，使工人的存在低于人的高度：国民经济学把无产者"仅仅当做工人来考察。因此，它可以提出这样一个论点：工人完全像每一匹马一样，只应得到维持劳动所必需的东西。国民经济学不考察不劳动时的工人，不把工人作为人来考察，却把这种考察交给刑事司法、医生、宗教、统计表、政治和乞丐管理人去做"[1]。动物没有意识，动物的劳动与它的肉体需要直接同一，"动物只是在直接的肉体需要的支配下生产"，动物不会产生不自由的感觉。因此，工人只有在运用自己的动物机能——吃、喝、生殖——的时候，才不会产生被强迫劳动的感觉。只有当人超出这些必然需要，走出必然性领域，才能真正运用人的机能。当人运用人的机能，他就会发现自己为了生存而被迫进行的劳动，实际上没有把自己与动物区别开来，自己的人格和尊严受到了贬低。这样，"动物的东西

---

[1] 马克思：《1844年经济学哲学手稿》，人民出版社2014年版，第13页。

成为人的东西,而人的东西成为动物的东西。吃、喝、生殖等等,固然也是真正的人的机能。但是,如果加以抽象,使这些机能脱离人的其他活动领域并成为最后的和唯一的终极目的,那它们就是动物的机能"。①

要想把人变成工人,就必须使其动用自己的动物机能,也就是必须使其处于贫困状态,使其为了满足自己的动物机能——肉体需要——而被迫出卖自己的劳动力,"直至变成机器"。马克思对工人的不幸遭遇进行了控诉:当社会处于衰退的时候,"工人遭受的困苦最深重"。当社会处于增长期,"工人的毁灭和贫困化是他的劳动的产物和他生产的财富的产物"。当社会处于富裕状态,"对工人来说却是持续不变的贫困"②。工人的劳动创造了社会财富,同时也造成了自己的贫困。工人生产的越多,他就越贫穷。"物的世界的增值同人的世界的贬值成正比。""即使在对工人最有利的社会状态中,工人的结局也必然是劳动过度和早死,沦为机器,沦为资本的奴隶(资本的积累危害着工人),发生新的竞争以及一部分工人饿死或行乞。"③为什么社会越富有,工人越贫穷?马克思用资本积累和生产过剩来解释这个问题:资本的积累增加了工业的数量和工人的数量,从而使工业生产出更大数量的制成品;"于是发生生产过剩,而结果不是有很大一部分工人失业,就是工人的工资下降到极其可怜的最低限度"。资本主义的生产过剩不是绝对过剩,而是相对过剩,是相对于工人的购买力而言过剩了。相对过剩产生的原因是社会在财富占有上存在严重的两极分化,少数人手中集中了社会绝大部分财富,而大多数人只占有极少的份额;社会大多数人有需求,但是有效需求——具有支付能力的需求——却严重不足,从而导致供给与需求严重失衡。举例说明,国民收入

---

① 马克思:《1844年经济学哲学手稿》,人民出版社2014年版,第51页。
② 马克思:《1844年经济学哲学手稿》,人民出版社2014年版,第13页。
③ 马克思:《1844年经济学哲学手稿》,人民出版社2014年版,第10页。

（Y）等于国民产出（C+I+G）。我们简化问题，假设国民产出都是衬衫，10万件，国民收入100万元，每件衬衫10元。可是，这100万中的80%被占人口比例20%的人口占有，其他人口占100万的20%，即20万元。假如人口恰好是10万，每人一件衬衫，10万件衬衫去掉2万件，还剩8万件，全部卖掉需要80万元。可是占人口80%的穷人手中只有20万元。假如这20万元全部花掉，也只能消化掉其中2万件，将有6万件卖不掉，更何况国民收入不可能是平均分配，每人都10元。经济学理论认为，富人的最大消费就是储蓄。对富人来说，消费存在着边际效用递减趋势：一元钱对乞丐意义重大，可以暂时充饥，但是对亿万富豪却意义不大，他没有用这一元钱去消费的冲动。社会分化越严重，货币的市场流通性可能就越差。于是，生产衬衫的工厂或者倒闭，或者减产，这将导致大批工人失业。这就是社会两极分化对经济发展和社会稳定的危害。

资本主义社会的异化劳动充分暴露了资产阶级人权思想的虚伪性和狭隘性。自由只是私有财产所有者的自由，而不是所有人的自由；在形式平等的背后，依然存在着剥削和压迫。如果说启蒙思想家所设想的自然状态——主要体现在卢梭和洛克一派——是人之为人的应然状态，那么通过签订契约而进入的资产阶级市民社会却使无产阶级成为"非人"的存在。在此意义上，文明"退步论"成为卢梭思想中的成功的预言，卢梭的那个孤独且富有怜悯心的野蛮人变成了市民社会中被启蒙了的自私自利、冷酷无情的"经济人"。市民社会使人性发生了退化，这说明人成为什么样的人是其所处的环境造成的。

——工人与其劳动产品的异化。工人与他的劳动产品相异化，是指工人劳动所生产的产品成为不归其所有的"异己的存在物"，劳动产品这个异己的东西不但不依赖于工人，反而与工人相对立，与工人的劳动相对立。"工人对自己劳动产品的关系就是对一个异己对象的关系。"马克思用劳动的对象化来分析这种异化——工人在他的产品中的外化——产生的原因。

对于劳动的对象化,马克思写道:"劳动的产品是固定在某个对象中的、物化的劳动,这就是劳动的对象化。"① 劳动的对象化就是劳动的实现,劳动的实现需要把劳动现实化,即把劳动置于一定的现实条件下,"劳动的现实化就是劳动的对象化"。具体来讲,劳动本身是一种潜在的、抽象的能力,它不能直接发生,正所谓"巧妇难为无米之炊",它只有在一定的现实条件下才能发生。劳动"这个自我创造并不是直接发生的,而是通过与其他个人、自然的相互作用而发生的。"② 劳动反映了人与人的关系以及人与自然的关系,劳动是个人利用生产工具在一定社会关系中所从事的改造自然的对象化活动。正如马克思所说,"没有生产工具,哪怕这种生产工具不过是手,任何生产都不可能。没有过去的、积累的劳动,哪怕这种劳动不过是由于反复操作而积聚在野蛮人手上的技巧,任何生产都不可能。资本,别的不说,也是生产工具,也是过去的、客体化了的劳动"③。

在资本主义社会中,劳动力只有与资本相结合才能进行劳动。资本家拥有资本,工人拥有劳动力,资产阶级与无产阶级是对立的阶级,二者的结合之所以会发生,是基于利益的需要:一方面是因为资本家为了把货币转变成资本,从而给自己带来剩余价值,这就需要劳动力这种特殊的商品;劳动力商品的特殊性在于它的使用价值本身成为价值源泉,而其他商品的使用不能创造价值,而只是被消耗和转化。"要从商品的使用上取得价值,我们的货币所有者必须幸运地在流通领域内即在市场上发现这样一种商品,它的使用价值本身具有成为价值源泉的特殊属性,因此,它的实际使用本身就

---

① 马克思:《1844年经济学哲学手稿》,人民出版社2014年版,第47页。
② [美]古尔德:《马克思的社会本体论:马克思社会实在理论中的个性和共同体》,王虎学译,北京师范大学出版社2009年版,第46页。
③ 《马克思恩格斯选集》第2卷,人民出版社1995年版,第3页。

是劳动的物化，从而是价值的创造。"另一方面是因为一无所有的工人为了生存迫切需要用自己的唯一谋生手段——劳动——来换取工资，劳动力因此而成为商品，马克思认为这种商品具有"最不幸特性"。工人的劳动能力作为商品和其他商品一样，具有价格，工人为了工资而把它交换出去。这种交换表面上给人一种平等的假象，因为它遵循等价交换原则，似乎谁也不吃亏。但是在马克思看来，这种给人以平等假象的交换带来的却是平等和自由的消失，因为通过这种交换，资本获得了对劳动的支配权力，"资本家拥有这种权力并不是由于他的个人的特性或人的特征，而只是由于他是资本的所有者。他的权力就是他的资本的那种不可抗拒的购买的权力"①。

资本支配活劳动的结果是使对象化表现为"对象的丧失"，土地、原材料和工具等这些客观对象条件属于资本，而不属于工人及其劳动，工人要想劳动就必须依附于资本。这样，资本对工人及其劳动就形成了支配和奴役关系，也就是对象对工人的支配和奴役。"对象化竟如此表现为对象的丧失，以致工人被剥夺了最必要的对象——不仅是生活的必要对象，而且是劳动的必要对象。甚至连劳动本身也成为工人只有通过最大的努力和极不规则的间歇才能加以占有的对象。对对象的占有竟如此表现为异化，以致工人生产的对象越多，他能够占有的对象就越少，而且越受自己的产品即资本的统治。这一切的后果包含在这样一个规定中：工人对自己的劳动的产品的关系就是对一个异己的对象的关系。"② 所谓极不规则的间歇才能加以占有劳动，指的是劳动空暇期的自主活动，比如下棋、打球等；劳动间歇期结束，被动的机械劳动开始。

劳动的间歇又称为空闲时间，它与闲暇时间不同。闲暇意味着人从必然性劳动——肉体生存需要的劳动——解放出来，马克思所

---

① 马克思：《1844年经济学哲学手稿》，人民出版社2014年版，第19页。
② 马克思：《1844年经济学哲学手稿》，人民出版社2014年版，第47—48页。

说的成为人的第一需要的劳动是闲暇时间从事的促进人的全面发展的创造性活动。而空闲时间只是多余时间,多余时间"本质上仍是生物性的,是除去必要劳动和睡眠之后剩下来的时间。娱乐要去填补的空闲时间乃是受生物条件决定的劳动循环——马克思所谓的'人与自然的新陈代谢'——中间的空隙。在现代条件下,这个空隙越来越大;……但是空余时间的极度增加并不能改变它本身的性质"①。

如果劳动对工人来说是外在的东西,那么他的劳动产品对工人来说也是外在的东西;工人不能支配自己的劳动,自然也就无法支配自己的劳动产品。如果说资本支配劳动使劳动能力异化,那么资本也必然会支配劳动产品而使劳动产品外在于工人。本来对象是为劳动者的生产和生活服务的,但是,在异化劳动中,这些对象却反过来成为统治和奴役工人的异己力量;对象变成人的主人,劳动的对象化颠倒了主体与客体之间的关系,客体变成主体,主体沦为客体。工人生产的越多,反对和奴役自己的东西就越多。劳动是人的生命活动,生命活动简称"生活",因此我们可以说,劳动是生活的内容,而不仅仅是生活的手段。工人把劳动投入对象之中就意味着工人把自己的生命投入对象之中;对象不属于他自己,工人投入对象中的生命也不再属于他自己,而是属于对象,或者说属于资本。异化是劳动对象化的模式,劳动的对象化是对人的生命价值的贬损:"工人生产得越多,他能够消费的越少;他创造的价值越多,他自己越没有价值,越低贱;工人的产品越完美,工人自己越畸形;工人创造的对象越文明,工人自己越野蛮;劳动越有力量,工人越无力;劳动越机巧,工人越愚笨,越成为自然界的奴隶。"②

---

① [美]汉娜·阿伦特:《过去与未来之间》,王寅丽、张立立译,译林出版社2011年版,第190页。
② 马克思:《1844年经济学哲学手稿》,人民出版社2014年版,第49页。

——工人与其类本质异化。类是一个表示区别的词，例如类别、分类等，类既是指从差异中找出共同性，又是指把性质相同或相似的事物归于一类。把人作为类来看待，一方面是说个人身上普遍具有的人这个物种所具有的特征，另一方面是说人是一个群居动物。人向往独立，但是却害怕孤独；人怕孤独正如人怕死亡一样，因为死亡是人最具个体性的行为，无人替你分担，这就是宗教在谈生死这类终极问题时都让人抱着出世态度的原因。只有在群体中人才能谈独立，人如果离开了交往和商谈，独立的概念都不可能形成，正所谓"人以类聚"。马克思把人看作类存在物，目的是把人与动物区别开来，从人与动物的区别中总结出人所具有的特质。"类是一种可能的范畴，它尤其是说明了那些把人从其他生物中划分出来的潜在可能性。"[1] 人之所以是类存在物，是因为人把自身当作"普遍的因而也是自由的存在物"来看待。

马克思从动物与人同自然的关系上的不同来界定人的普遍性，以区别于动物的片面性。人与动物都依赖自然，但是，动物只是被动地依赖于自然，它不能跨出这一步，因此，它是片面的存在物；而人不只依赖于自然，他还能够认识自然，利用自然，把自然"人化"，因此他是普遍的存在，即全面的和无限的存在。从人与自然的物质变换来看，人赖以生活的自然界范围比动物宽广得多。动物与自然只发生有限的联系，它不会超出肉体生存和繁殖后代的要求，不会超出自然给动物提供的东西的范围。"类生活从肉体方面来说就在于人（和动物一样）靠无机界生活，而人和动物相比越有普遍性，人赖以生活的无机界的范围就越广阔。"[2] 从人对自然的认识来说，"从理论领域来说，植物、动物、石头、空气、光等等，一方面作为自然科学的对象，一方面作为艺术的对象，都是

---

[1] [美] 奥尔曼：《异化：马克思论资本主义社会中人的概念》，王贵贤译，北京师范大学出版社2011年版，第185页。

[2] 马克思：《1844年经济学哲学手稿》，人民出版社2014年版，第51—52页。

人的意识的一部分，是人的精神的无机界，是人必须事先进行加工以便享用和消化的精神食粮；同样，从实践领域来说，这些东西也是人的生活和人的活动的一部分"①。人虽然离不开自然，人依靠自然界而生活，自然为人类提供生产和生活的资料，但是人不像动物那样只是本能地适应自然。人在自然面前的能动性表现为两个方面：一方面，在自然法则面前，"动物乖乖顺从"，而人能够把自身从自然界分离出来，使自然界成为人的对象，使自然能够为人所用。另一方面，自然界不再是脱离人的自在的自然，自然被人化，成为人的有机组成部分。"在实践上，人的普遍性正是表现为这样的普遍性，它把整个自然界——首先作为人的直接的生活资料，其次作为人的生命活动的对象（材料）和工具——变成人的无机的身体。自然界，就它自身不是人的身体而言，是人的无机身体。"②

马克思从动物与人同自己的生命活动的关系上的不同来界定人的自由。动物的生命活动是不自由的，因为动物没有意识，动物不能把它从自己的生命活动中分离出来，因此，动物的生命活动不能成为它的对象，它不能认识自己的生命活动，就是说，它只是存在着，它没有关于自己存在的知识。动物和自己的生命活动是直接同一的，"它就是自己的生命活动"。而人能够把自己从自己的生命活动中分离出来，使自己成为认识的主体，自己的生命活动成为认识的客体，人"使自己的生命活动本身变成自己意志的和自己意识的对象"。人具有有意识的生命活动，人能够意识到自己在做什么，并能对自己所做的事情进行选择和规划。用费希特的话来说，他不是为存在而存在，而是想为了成为这个或那个存在者而存在。动物缺乏这样的意识，它的活动完全受本能的制约。"有意识的生命活动把人同动物的生命活动直接区别开来。正是由于这一点，人才是类存在物。或者说，正因为人是类存在物，他才是有意识的存

---

① 马克思：《1844年经济学哲学手稿》，人民出版社2014年版，第52页。
② 马克思：《1844年经济学哲学手稿》，人民出版社2014年版，第52页。

在物，就是说，他自己的生活对他来说是对象。仅仅由于这一点，他的活动才是自由的活动。"① 对象化思维是建立在主客分离基础上，如果没有对象化思维，人就不可能产生主体意识和自由观念。

人是通过实践来证明自己是有意识的类存在物。马克思通过把人的实践与动物的实践进行比照，来凸显人的实践活动的自由性。动物的生产是片面的，因为它只生产自己的直接需要，即直接的肉体需要，所以动物的生产是在直接的肉体需要支配下进行的。而人的生产是全面的，他不只生产自己的直接需要，即肉体生存需要，而且是在超出这种需要的情况下进行真正的生产，所谓真正的生产是基于自己意愿的创造性活动；只有超出直接的肉体需要的生产才能体现人的类本质，即自由的有意识的活动。为了肉体需要而进行的劳动是必需的劳动，带有强迫性，这种"劳动意味着被必然性所奴役"。被迫劳动或非自愿劳动都是为了满足肉体生存的需要，因此，只有当人成为肉体主体，动用自己的动物机能的时候才被迫进行劳动，即为了谋生而进行劳动。在资本主义社会，"只有作为工人才能维持自己作为肉体的主体，并且只有作为肉体的主体才能是工人"②，马克思认为，这是奴隶状态的顶点。真正属人的劳动是不受肉体必然需要影响的自愿劳动，基于自己的意愿和兴趣的自主劳动是人的类生活的内容，而不是谋生的手段；这种劳动是人的生活的需要，而不是满足需要的工具；这种劳动是人的创造性才能的充分展现和对自我的肯定，而不是被动的机械的劳动和对自我的否定。通过实践创造对象世界，改造无机界，人证明自己是有意识的类存在物。而异化劳动——运用自己的动物机能而被迫进行的外化劳动——"把自主活动、自由活动贬低为手段，也就把人的类生活变成维持人的肉体生存的手段。因此，人具有的关于自己的类的

---

① 马克思：《1844年经济学哲学手稿》，人民出版社2014年版，第53页。
② 马克思：《1844年经济学哲学手稿》，人民出版社2014年版，第49页。

意识，由于异化而改变，以致类生活对他来说竟成了手段。"① 人与自己的类本质相异化使人不认为劳动是自己生命的表现和生活的内容，反而认为劳动就是牺牲自己的生活，只有不劳动才能生活。

——工人与其他人异化。人与自己的类本质相异化也导致同他人相异化，同他人相异化是人同自己类本质相异化的直接后果。"人的类本质同人相异化这一命题，说的是一个人同他人相异化，以及他们中的每个人都同人的本质相异化。"② 我们说人是类存在物，就是说，人是社会性存在物，"人的本质不是单个人所固有的抽象物，在其现实性上，它是一切社会关系的总和"。在社会性意义上来理解类，类就是把许多个人联系起来的普遍性，因此，类生活是以人与人之间的互助、合作、友爱为前提，类、类生活、类本质这些概念，"它们表示人的概念、真正人的生活的概念。真正人的生活以友谊和善良的关系，即以爱为前提，这些都是类的自我感觉或关于个人属于人群这种能动意识。费尔巴哈认为，类本质使每个具体的个人能够在无限多的不同个人中实现自己"③。当然，在马克思那里，人的类本质不能单纯用爱来解释，而必须用社会关系、他人指向来解释。人同自己的类本质相异化，也就是同自己的社会性相异化，使自己外在于他人：人与人之间的关系不是内在的，而是外在的。人与人之间虽然有交往，但是交往本身不是目的，不是类生活的内容，而是实现自己目的或者自身利益的手段和工具。正如马克思所说："每个人为另一个人服务，目的是为自己服务；每一个人都把另一个人当作自己的手段互相利用。这两种情况在两个个人的意识中是这样出现的：（1）每个人只有作为另一个人的手段才能达到自己的目的；（2）每个人只有作为自我目的（自为的存在）才能成为另一个人的手段（为他的存在）；（3）每个人是手段

---

① 马克思：《1844 年经济学哲学手稿》，人民出版社 2014 年版，第 54 页。
② 马克思：《1844 年经济学哲学手稿》，人民出版社 2014 年版，第 54 页。
③ 马克思：《1844 年经济学哲学手稿》，人民出版社 2014 年版，第 306 页，注释 33。

同时又是目的，而且只有成为手段才能达到自己的目的，只有把自己当作自我目的才能成为手段。"①

马克思把人与人之间互为目的和手段的关系称为交互性关系，这种交互性关系使人把自身利益看作排斥他人利益的东西，而排斥他人利益的利益要想加以满足，就必须与他人建立联系，从而才和他产生利害关系。工具性交互关系使人与人之间互不关心，导致人际关系冷漠；即使"关心"他人，也是为了他的使用价值，例如工人自身劳动力的恢复以及劳动力的接续，即工人下一代的成长。资本家付给工人工资，不是出于怜悯心，也不是为了帮助工人获得自我实现，而是为了换取对工人的劳动及其产品的支配权。马克思写道："如果人对自己的劳动产品的关系、对对象化劳动的关系，就是对一个异己的、敌对的、强有力的、不依赖于他的对象的关系，那么，他对这一对象所以发生这种关系就在于有另一个异己的、敌对的、强有力的、不依赖于他的人是这一对象的主宰。"②

在资本主义社会，异化具有普遍性，它不只是发生在工人阶级身上，作为其对立面的资产阶级同样也被异化了。在异化中，工人没有实质自由，资本家也没有。作为异化的资本主义社会，任何人都不能逃脱被异化："凡是在工人那里表现为外化的、异化的活动的东西，在非工人那里都表现为外化的、异化的状态。"③ 区别在于无产阶级与资产阶级被异化的方式和他们对异化的感受不同："有产阶级和无产阶级同是人的自我异化。但有产阶级在这种异化中感到自己是被满足的和被巩固的，它把这种异化看作自身强大的证明，并在这种异化中获得人的生存的外观。而无产阶级在这种异化中则感到自己是被毁灭的，并在其中看到自己的无力和非人的生

---

① ［美］古尔德：《马克思的社会本体论：马克思社会实在理论中的个性和共同体》，王虎学译，北京师范大学出版社2009年版，第130页。
② 马克思：《1844年经济学哲学手稿》，人民出版社2014年版，第56页。
③ 马克思：《1844年经济学哲学手稿》，人民出版社2014年版，第59页。

存的现实。"①

在资本主义社会,工人因不掌握生产资料而出卖自己的劳动力来谋生,工人的劳动和劳动生产出来的产品受资本奴役和控制,但是资本不仅奴役和控制工人,它同样也奴役和控制资本家,尽管资本家是资本的所有者。资本家既是资本的主人,又是资本的奴隶,资本家是人格化的资本,它的存在是为了资本的增殖服务的,资本家常常为此而苦恼,"为他的死钱财的赢利而苦恼"②。资本家获取的剩余价值,一部分用于消费,剩余部分用于投资,即剩余价值资本化。从表面看来,资本家越节俭,越有利于资本积累和扩大生产规模,发展生产,马克斯·韦伯据此而把勤劳节俭看作资本主义精神。马克思一针见血地指出,资本家节俭不是因为他有美德,而是为了让"死"资本占有更多的"活"劳动,从而榨取更多剩余价值。马克思把资本比作吸附在"活"劳动上的"吸血鬼","它像吸血鬼一样,只有吮吸活劳动才有生命,吮吸的活劳动越多,它的生命就越旺盛"③。为了保持资本的旺盛的生命力,就要增强它吸附"活"劳动的能力,为此资本家贪婪地榨取剩余价值,他们根本不关心工人的健康和寿命,"凡是工人做的对自身不利的事,非工人都对工人做了,但是,非工人做的对工人不利的事,他对自身却不做"。④ 资本家成为赚钱的机器和自己贪欲的奴隶,他们最害怕的是没有利润或利润太少,"一旦有适当的利润,资本就胆大起来。如果有10%的利润,它就保证到处被使用;有20%的利润,它就活跃起来;有50%的利润,它就铤而走险;为了100%的利润,它就敢践踏一切人间法律;有300%的利润,它就敢犯任何罪行,甚至冒绞首的危险。如果动乱和纷争能带来利润,它就会鼓励

---

① 《马克思恩格斯全集》第2卷,人民出版社2002年版,第44页。
② 马克思:《1844年经济学哲学手稿》,人民出版社2014年版,第8页。
③ 《马克思恩格斯文集》第5卷,人民出版社2009年版,第269页。
④ 马克思:《1844年经济学哲学手稿》,人民出版社2014年版,第60页。

动乱和纷争。走私和贩卖奴隶就是证明"。① 在资本统治的社会中，整个社会都陷入对金钱的顶礼膜拜之中，无论做什么事情人们都要问"这是否对自己有利？"这种对金钱的迫切需要使"一切激情和一切活动都必然湮没在发财欲之中"。人们把货币当作自己的本质力量，并相信货币的力量有多大，他的力量就有多大。"我是什么和我能够做什么，绝不是由我的个性来决定的。我是丑的，但是我能给我买到最美的女人。可见，我并不丑，因为丑的作用，丑的吓人力量，被货币化为乌有了。我——就我的个人特点而言——是个跛子，可是货币使我获得二十四只脚；可见，我并不是跛子。……既然我有能力凭借货币得到人心所渴望的一切，那我不是具有人的一切能力了吗？"②

在资本主义社会，金钱交易成为典型的社会关系，除了利害关系，人与人之间就再也没有任何别的联系。"它把宗教虔诚、骑士的热忱、小市民伤感这些情感的神圣激发，淹没在利己主义打算的冰水之中。它把人的尊严变成了交换价值，用一种没有良心的贸易自由代替了无数特许的和自力挣得的自由。总而言之，它用公开的、无耻的、直接的、露骨的剥削代替了由宗教幻想和政治幻想掩盖着的剥削。资产阶级抹去了一切向来受人尊崇和令人敬畏的职业的灵光。"资产阶级把过去神圣的事业变成资本牟利的工具，使人们不再敬畏自己的职业；职业不是人们努力去实现的信仰，而是赚钱的工具，"它把医生、律师、教士、诗人和学者变成了它出钱招雇的雇佣劳动者"。金钱关系甚至渗透到家庭亲情关系之中，"资产阶级撕下了罩在家庭关系上的温情脉脉的面纱，把这种关系变成了纯粹的金钱关系"③。

---

① 《马克思恩格斯文集》第5卷，人民出版社2009年版，第871页。
② 马克思：《1844年经济学哲学手稿》，人民出版社2014年版，第139页。
③ 《马克思恩格斯选集》第1卷，人民出版社1995年版，第275页。

第六章

人的解放：把人的类本质还给人

马克思和恩格斯致力于人类的解放，马克思主义被称为人的解放学。人的解放就是把人从宗教的桎梏中解放出来，马克思指出："宗教是还没有获得自身或已经再度丧失自身的人的自我意识和自我感觉。"① 把人从宗教中解放出来，就是使人回复自身，"使人能够作为不抱幻想而具有理智的人来思考，来行动，来建立自己的现实；使他能够围绕着自身和自己现实的太阳转动"②。"围绕自身转动"，也就是要使人成为自身的主人，自己命运的主宰者，而不是被自己所创造、所幻想的异己的东西——宗教——束缚。马克思认为，宗教是人的异化形式，是人创造了宗教，而不是宗教创造了人。宗教使人逃避现实，去追求"虚幻幸福"，让人在现实的苦难中去幻想天国的完美。人的解放就是要求人要面对现实，去改变造成人自身异化的现实，在现实的世界中创造现实的天国。

一 政治解放使宗教成为资本主义市民社会精神

马克思把人的解放划分为两个前后相继的阶段：政治解放和人类解放。所谓政治解放就是国家被从宗教中解放出来，国家实现世俗化。世俗化意味着信仰和超越之维的丧失，但是，世俗化不是说

---

① 《马克思恩格斯选集》第1卷，人民出版社1995年版，第1页。
② 《马克思恩格斯选集》第1卷，人民出版社1995年版，第2页。

不再有宗教，而是说作为一个国家，它的价值和制度规范的正当性不再来自由信仰维系的超越世界，而是来自自身；国家自己制定规则，通过民主和法治的方式来治理。"当国家作为一个国家，不再维护任何宗教，而去维护国家自身的时候，国家才按自己的规范，用合乎自己本质的方法，作为一个国家"而存在。①

世俗化并不意味着宗教的消亡，而是指宗教失去了对社会公共领域和公共事物的控制权，宗教由公法领域被赶入私法领域，宗教由此成为私人的事情，信仰被私人化，人们拥有宗教信仰的自由。在使宗教世俗化过程中，启蒙运动时期的经验主义哲学发挥了重要作用，这种哲学不承认人有天赋观念，认为人的心灵就是一张白纸，只是后天的感官经验使人形成思想观念，就像投影仪把图片投射到幕布上形成人们能够看到的形象，这就意味着不能被人的感官感知的东西，无法呈现在人的心灵中，上帝也不例外。在这种情况下，上帝只能是"因信为真"，"而不是直接经验的事情：所有的神秘主义或'宗教狂热'都遭到了排斥。生活在很大程度上是在没有上帝的情况下度过的。宗教在它得以生存的程度内越来越局限于私人事物；事实上，在公共社会领域中，上帝彻底地消失了"。而无神论的出现瓦解了世界的宗教图景，"实现了向世俗主义的过渡，而世俗主义通常被看作是现代性的一个主要特色"②。

公法领域涉及的是政治国家，私法领域指的是市民社会。宗教由公法领域被赶入私法领域，也就是从政治国家被赶入市民社会；宗教不再是国家的精神，而是成为市民社会的精神。在国家层面，信仰和超越的维度丧失了，人们之所以还信教是由于宗教从政治领域进入经济领域，成为市民社会的精神；市民社会的精神实质上就是犹太精神，"马克思的发现是，犹太人在现实中表现出来的是

---

① 《马克思恩格斯全集》第 1 卷，人民出版社 1956 年版，第 426 页。
② ［美］大卫·雷·格里芬：《后现代精神》，王成兵译，中央编译出版社 2012 年版，第 25 页。

'犹太精神',是唯利是图、追逐金钱的思想和习气。犹太教的世俗基础是实际需要、自私自利,犹太人的世俗礼拜是经商牟利,他们的世俗的神是金钱。这才是现实的犹太人的真正本质"。① 犹太精神在基督教社会中得到了高度发展,成为基督教各国的实际精神,基督教追求天堂幸福的利己主义,在现实中表现为犹太精神。

社会存在决定社会意识。宗教属于社会意识范畴,因此把个人从宗教中解放出来,不能把世俗问题化为神学问题,而要把神学问题化为世俗问题,亦即寻找并消灭导致宗教桎梏的世俗根源。马克思指出:"在我们看来,宗教已经不是世俗狭隘性的原因,而只是它的表现。因此,我们用自由公民的世俗桎梏来说明他们的宗教桎梏。我们并不认为:公民要消灭他们的世俗桎梏,必须首先克服他们的宗教狭隘性。我们认为:他们只有消灭了世俗桎梏,才能克服宗教狭隘性。"②

这里所说的"世俗桎梏"就是市民社会,市民社会成为宗教的最后避难所。因此马克思对宗教的批判就成为对市民社会的批判,对市民社会的批判的目的是抽掉宗教产生的世俗土壤。

二 市民社会中公人与私人的分裂导致人的异化

市民社会中的个人存在状态为利己主义精神提供了生存的土壤。在前现代社会,个人不能以脱离共同体的私人的身份存在,因而在前现代社会没有"公共领域"与"私人领域"以及"公人"与"私人"之间的分裂和矛盾,利己主义没有生存的土壤。无论是"存天理,灭人欲"的宋明理学,还是"富人进天堂比骆驼穿过针眼更难"的基督教主张,无不说明前现代社会道德充斥着禁

---

① 陈培永:《解放的图景——马克思〈论犹太人问题〉如是读》,广东人民出版社2016年版,第18页。
② 《马克思恩格斯全集》第1卷,人民出版社1956年版,第425页。

欲主义；个人利益主张被严格限制，道德上值得赞赏的行为就是个人利益无条件服从道德规范。弗洛姆认为，在中世纪，人们处处受到限制、约束和警告，不准经济利益干预严肃的事情。"人为维持合乎自己社会地位的生计所需而追求财富是正当的。超过限度便不再是冒险，而是贪婪，而贪婪是不可饶恕的死罪。"①

在古希腊时期，不存在国家与社会、公共领域与私人领域的划分，过纯粹的私人生活的人都是奴隶，是被剥夺了进入公共领域权利的不完整的人。完整的自我的实现就是积极参与公共生活，古希腊时期的民主强调集体参与，人民是指由不可分割的普遍意志表现出来的全体，民主就是众人在做主。伯利克里在著名的葬礼演讲中，把从公共领域退出的人看作"无所事事"的人："这里每一个人不仅关心他自己的事，而且关心国家的事。我们不能说一个不关心政治的人是一个只关心自己事情的人；我们只是说他根本就无所事事。"在马克思看来，古典城邦缺乏对社会领域与政治领域的区分，市民社会被完全纳入国家之中，政治贯穿所有私人领域。"没有任何政治结构本身是与现实的、物质的社会，与人类生活道德现实内容相分离和区分的。当政治国家仅仅是社会—经济生活、物质性国家的一种形式时，re publica［国家］就意味着公共生活是个体生活的真实内容。因此，任何私人生活缺乏政治地位的人都是奴隶：政治的不自由意味着社会奴役。"②

在中世纪，市民社会的构成要素都变成政治性的，即以领主权、等级和同业公会的形式升为国家生活的要素，这样，中世纪就产生了一种合二为一的生活方式，"人们的生活与国家的生活是等同的"。这种合二为一的生活方式也说明了人是不自由的个体，即

---

① ［美］艾里希·弗洛姆：《逃避自由》，刘林海译，上海译文出版社2015年版，第35—36页。
② ［以］阿维纳瑞：《马克思的社会与政治思想》，张东辉译，知识产权出版社2016年版，第21页。

使是民主制，也是一种不自由的民主制。① 资产阶级政治革命把市民社会从政治国家分离出来，使其彻底摆脱了政治的局限，这导致私人生活完全独立于任何与共同体相关的考虑。在中世纪依附于领主、等级、同业公会的个人，经过政治革命，从等级和特权中解放出来，变成了利己的、独立的个人，也就是在启蒙思想家那里被抽去一切社会规定性的返于自然状态——与政治状态相对——的独立的个人。

马克思认为，资产阶级国家通过人权承认的正是这种不同于政治国家公民的独立的市民社会成员；所谓人权就是市民社会成员的权利，是"脱离了人的本质和共同体的利己主义的人的权利"。"这项人权并不是建立在人与人结合起来的基础上，而是建立在人与人分离的基础上。这项权利就是这种分离的权利，是狭隘的、封闭在自身的个人的权利。"② 人权的基本内容是私有财产权利，马克思把私有财产权利看作人权的"实际应用"，人们可以不受束缚地任意使用和处理自己的财产；这种自由具有排他性："每个人不是把别人看作自己自由的实现，而是看作自己自由的限制。"把私有财产权看作人权的主要内容，也就否定了人权的普遍性，因为人权变成了私有财产者的自由，而不是所有人的自由，这就暴露出资产阶级政治解放的历史局限性，政治解放还没有达到普遍的人的高度，人下降为并被区分为有产者阶级和无产者阶级。

在马克思看来，市民社会中人的异化是人的生活分化为私人领域（社会）和普遍领域（国家）的结果，或者说是个人与共同体之间的直接联系丧失的结果。虽然个人与共同体之间直接联系丧失了，但是间接联系依然存在着，只不过这种间接联系是以金钱为中介的。离开了交换和金钱，人与人之间无法发生关系并通过这种关

---

① [以] 阿维纳瑞：《马克思的社会与政治思想》，张东辉译，知识产权出版社2016年版，第22页。
② 《马克思恩格斯全集》第1卷，人民出版社1956年版，第438页。

系来达到自己的目的，在这种情况下，金钱成为主宰："在利己主义的需要的统治下，人只有使自己的产品和活动处于外来本质的支配之下，使其具有外来本质——金钱——的作用，才能实际进行活动，实际创造出物品来。"①在市民社会，个人不再束缚于共同体，从表面上看，个人拥有完美的独立性，他获得了宗教自由、拥有财产的自由和经营生意的自由。但在马克思看来，这些构成市民社会的生活要素都已经被异化了，因此，体现在财产、宗教等方面的自由只不过是奴隶的自由。"个体将关于他的业已异化的生活要素例如财产、工业、宗教等的运动看作他自己的自由，不再束缚或拘囿于一根共同的绳索或共同的人；在现实中，这是他的奴隶制和非人性的绝好展现。"②

市民社会之所以会制造出这些自由的假象，在马克思看来，是由于伴随着市民社会与政治国家分离的是人自身的分裂，人被划分为市民社会的成员和政治国家的成员。政治国家成员作为抽象的"公人"，他关心的是公共利益，公民以公共利益为依归；市民社会成员作为现实的"私人"，即只关心自身利益的私人的定在，已失去了存在的普遍意义，他关心的唯有个人利益。公共利益是普遍的，个人利益是狭隘的；国家与市民社会的分离造成公共利益与个人利益之间的对立和冲突。"正因为各个人所追求的仅仅是自己的特殊的、对他们来说是同他们的共同利益不相符合的利益，所以他们认为，这种共同利益是'异己的'和'不依赖'于他们的，即仍旧是一种特殊的独特的'普遍'利益，或者说，他们本身必须在这种不一致的状况下活动，就像在民主制中一样。"③

这就意味着政治解放使人过着双重的生活：天国的生活和尘世的生活。天国的生活，即政治共同体的生活，"在这种共同体中，

---

① 《马克思恩格斯全集》第1卷，人民出版社1956年版，第451页。
② [德]卡尔·马克思、弗里德里希·恩格斯：《神圣家族》，上海辞书出版社2023年版，第157页。
③ 《马克思恩格斯选集》第1卷，人民出版社1995年版，第85页。

人把自己看作社会存在物"；尘世的生活，即市民社会的生活，"在这个社会中，人作为私人进行活动，把别人看作工具，把自己也降为工具，成为外力（如金钱、事业）摆布的玩物"①。

人的"公人"与"私人"的二重身份以及它们之间的紧张关系导致人的异化和不自由，"只要特殊利益和共同利益之间还有分裂，也就是说，只要分工还不是出于自愿，而是自然形成的，那么人本身的活动对人来说就成为一种异己的、同他对立的力量，这种力量压迫着人，而不是人驾驭这种力量"②。实现人的解放，使人从这种异化状态中解放出来，就必须将分裂的自我——作为私人的自我与作为公共的自我——统一起来，从而赋予个人现实的生命活动以普遍意义；也就是恢复人的类身份，使人把自身当作普遍的因而也是自由的存在物来对待。把自身当作普遍物来看待，也就是不再像以前那样仅仅把自身看作是特殊的私人的定在；他既有自身私人利益，也有超越自身的公共利益，私人利益与公共利益不再是对立的关系，而是内在统一的关系。在这种情况下，与他人建立联系就成为内在的必然要求，交往就成为人的本质的内在要求，而不再是实现自身利益的工具和手段，自己也不再是他人的工具和手段。在人的世界里，人的关系岂能由物来决定？正是因为人把自身利益看作与他人利益分离和对立的，才会出现利己主义倾向并把他人当作手段。

三 人的解放就是把人的世界和人的关系还给人自身

马克思指出：人不是抽象的蛰居于世界之外的存在物。人就是人的世界，就是国家，社会。人的解放就是把人的世界和人的关系

---

① 《马克思恩格斯全集》第1卷，人民出版社1956年版，第428页。
② 《马克思恩格斯选集》第1卷，人民出版社1995年版，第85页。

还给人自身:"当现实的个人同时也是抽象的公民,并且作为个人,在自己的经验生活、自己的个人劳动、自己的个人关系中间,成为类存在物的时候,只有当人认识到自己的'原有力量'并把这种力量组织成为社会力量因而不再把社会力最当作政治力量跟自己分开的时候,只有到了那个时候,人类解放才能完成。"人就是国家、社会,但是马克思认为,这个国家、这个社会在现实中是一个颠倒的世界,处于这种世界中的人必然是自我异化的。只有把这个世界颠倒过来,才能够成为真正适合人的生存的属人的世界;在这个属人的世界中,人向自己的合乎人性的存在即社会的存在的复归,即从"返于自然"到"归于社会"。

返于自然,是为了说明自由是人的天性,人天生热爱自由,而不是喜欢枷锁。归于社会是为了说明自由不能通过反社会的方式获得,必须把人的社会关系还给人。返于自然,割断了个人与共同体之间的联系,把个人原子化、孤立化,把这种思想贯彻到社会中,将不可避免地在人心中培植起非社会或反社会情绪。卢梭也意识到这一点,他在社会契约论中,不再颂扬遗世孤立的野蛮人,而是强调只有先成为公民,才能成为人,成为人就要以社会情感克服人的自然情感。公民永远以公共利益为依归,而公民的自由是由以公意为基础的法治来保障的,因为公意追求公共利益,公共利益具有普遍性和公正性,公意立法保证了法律的公正性;公意立法为大家创造了平等的条件,服从法律就是服从自己的意志,公意是个人意志的普遍化,特殊性和普遍性在公意中实现了统一。

对卢梭来说,社会性不是内在于人的本性的,它不是人的自然需要。卢梭认为,人走向社会,融入群体是一场意外,这种意外造成了人的不幸,使人不能过自己的生活,而是生活在别人的意见中;使人不能保持心灵平静,而是贪得无厌;使人不能勇敢地面对压迫,而是喜欢束缚和奴役。而马克思则认为社会性是内在于人的本性的,是人的内在的必然的需要,人天生就是社会动物。针对

18世纪资产阶级启蒙运动时期市民社会思想中把个人原子化、孤立化的观点，马克思针锋相对地指出，这种观点是大大小小鲁滨逊一类故事所造成的美学上的假象，是荒诞无稽的："人是最名副其实的政治动物，不仅是一种合群的动物，而且是只有在社会中才能独立的动物。孤立的个人在社会之外进行生产——这是罕见的事，在已经内在地具有社会力量的文明人偶然落到荒野时，可能会发生这种事情——就像许多个人不在一起生活和彼此交谈而竟有语言发展一样，是不可思议的。在这方面无须多说。18世纪的人们有这种荒诞无稽的看法是可以理解的，如果不是巴师夏、凯里和蒲鲁东等人又把这种看法郑重其事地引进最新的经济学中来，这一点本来可以完全不提。"① 鲁滨逊并非天生的野蛮人，他是不幸沦落到荒岛之中的文明人，鲁滨逊之所以能在荒岛之中生存下来，全赖于他的文明社会的生活经验，鲁滨逊习惯了群居生活，他需要"星期五"这样的伙伴，否则他无法生存。

卢梭说，如果孤立一个人能够完成的工作，就不需要他人，可是在社会之外孤立的个人是不能进行社会生产的，所有的人类活动都具有他人指向。马克思认为，我们的活动，无论就其内容还是就其存在方式来说，都是社会活动。人与人之间的密切相连具有"自然的必然性"，无论是最自然的两性关系，还是分工与交换关系，都关涉到他人，都说明人是社会存在物。男女两性关系，是自然的类关系，"从这种关系就可以判断人的整个文化教养程度。从这种关系的性质就可以看出，人在何种程度上对自己来说成为并把自身理解为类存在物、人。……这种关系还表明，人的需要在何种程度上成为合乎人性的需要，就是说，别人作为人在何种程度上对他来说成为需要，他作为最具有个体性的存在在何种程度上同时又是社会存在物"②。在生产中的分工体现出与他人合作的必要性，

---

① 《马克思恩格斯选集》第2卷，人民出版社1995年版，第2页。
② 马克思：《1844年经济学哲学手稿》，人民出版社2014年版，第77页。

生产是与他人一起进行生产；在全球化时代，社会化大生产使分工和合作范围甚至超出了地域和民族的界限，狭隘的地域性个人已经转变为世界历史性个人。在商品经济中，个人劳动只有转化为社会劳动，个人劳动的产品只有转化为社会需要的产品，劳动才是有效的劳动。也就是说社会分工已经使个人劳动转化为社会劳动，个人需要转化为社会需要。不仅同时代的人之间发生着联系，而且不同时代的人之间也发生着联系，后代的发展取决于前代的积累。"一个人的发展取决于和他直接进行交往的一切人的发展；彼此发生关系的个人的世世代代是相互联系的，后代的肉体存在是由他们的前代决定的，后代继承了前代的积累起来的生产力和交往方式，这就决定他们这一代的相互关系。"① 即使是独立思考的科学家，他本人完成的科学研究活动也具有社会性，科学家本人进行科学活动的客观条件——实验设备和器材——是社会劳动的产物，思考时所使用的科学语言也是社会的产物。随着科学成果的应用和普及，科学发现也将被其他人所利用。

人与社会是同一性关系，社会生产了作为人的人，人也生产了社会；人就是社会，社会就是人本身。"人是什么"这个问题不能从个人本身去寻找答案，人不是一出生就成为人，是社会使人成为人；离开人生存于其中的社会背景，我们将无法界定人。亚里士多德认为能够在人群之外生存的不是神就是野兽。马克思指出："人的本质不是单个人所固有的抽象物，在其现实性上，它是一切社会关系的总和。"② 社会是怎样产生的？马克思指出：社会是人们交互作用的产物，人在社会中的关系就是交互性关系。

在前资本主义社会，人与人之间的交互关系是支配与被支配的关系。前资本主义社会是人对人依赖的社会，人们之间不是作为"个人"——没有身份束缚的自由人——而相互发生关系，而是作

---

① 《马克思恩格斯全集》第3卷，人民出版社1976年版，第515页。
② 《马克思恩格斯选集》第1卷，人民出版社1995年版，第56页。

为"具有某种规定的个人"而相互发生关系,例如封建主和臣仆、地主和农奴,等等。人在共同体中的地位决定了他们之间的相互关系的性质,在以宗法血缘关系为基础的前资本主义社会,人在共同体中的地位是不平等的,尊卑贵贱等级森严,这就决定了人们之间相互关系的性质是不平等的。"扎根于奴隶、农奴或公社成员与土地或自然的联系中的人身依附关系的形式总是与主人——奴隶的所有者、封建贵族、部落领袖或国王——的统治相一致,也总是与为主人服役或效劳的人身补偿相一致。"①

在资本主义社会,人与人之间的交互关系是利用与被利用的工具关系。在资本主义社会,个人被从传统的共同体纽带束缚中解放出来,独立的个人之间毫不相干,对于这些没有群体认同感和归属感、只有私人利益谋划的个体,他们之间是怎么发生关系的?一句话,"利益"。除了利益关系、金钱关系,没有其他的关系,因利益而相识,因利益而走到一起;对人们来说,交往不是目的,而是实现自身利益的手段,"把别人看作工具把自己也降为工具"。"现代社会由'原子'构成,这些微粒相互分离,却因自利和相互利用的需要聚合在一起。……我们与同胞的个人交往由利己主义原则所主导:'人人为自己,上帝为我们大家。'这与基督教教义形成了公开的对抗。是自我的利益,而不是与同胞的团结、对同胞的爱,推动着个人的行动。"②

在梅因看来,资本主义现代化就是从身份到契约运动过程。传统的身份社会人们之间联结的纽带是血缘亲情,而现代的契约社会人与人之间的关系是利益关系。契约社会就是资本主义市民社会,市民社会的成员就是经济学中描述的"经济人",即进行成本与收益计算进而追求自身利益最大化的人,精于算计和永不满足是其鲜

---

① [美] 古尔德:《马克思的社会本体论:马克思社会实在理论中的个性和共同体》,王虎学译,北京师范大学出版社2009年版,第23页。
② [美] 艾里希·弗洛姆:《健全的社会》,孙凯祥译,上海译文出版社2011年版,第114页。

明特征。"经济人的典型动机从历史上说基本上总是些下述动机：比如，追求超过符合身份的生计的财富，获取和工作欲、想要获取超过有限社会所能满足的东西等等；动机的差别部分是强度上的、部分是这些动机在更大社团中产生的更强程度的分散；另外，'工于心计'与'感情传统主义'的对立也总是存在；等等。"[1] 在商品经济社会中，人都或多或少养成了"精于算计"的工商气质，尤其是在经济领域。在马克思看来，经济人在谋利的间隙也没有人类情感，因为家庭关系也被他们变成了纯粹的金钱关系，正如马克思在《共产党宣言》中所说，资产阶级把家庭关系变成了纯粹的金钱关系。这就是近代以来西方传统不相信道德能约束人的原因，道德能约束人必须给人际关系添加温情，当罩在家庭关系上的温情脉脉的面纱被撕下，道德无法再约束人。对于只考虑自己的人，《国富论》的作者亚当·斯密寄希望于市场机制的完美运作来把人的自利行为引向有利于他人和社会。在斯密那里，利他不是人刻意而为之，而是市场机制作用的结果。西方自由主义经济学为了反对政府对市场的干预，尤其反对政府通过再分配来调节财富分配，宣扬管的最少的政府是最好的政府。

交互关系的工具性导致人们彼此之间漠不关心，"这种交互性本身，对交换主体双方中的任何一方来说，都是他们毫不关心的，只有就这种交互性把他的利益当作排斥他人利益的东西，与他人利益不相干而加以满足这一点来说，才和他有利害关系"。就是说，人们之间的交互性关系被金钱所中介，这样，交互性关系对人来说也就变成外在性的金钱关系；按照马克思的话说，就是人与人之间的关系变成了冷酷无情的"现金交易"。人们彼此漠不关心是因为交互性关系仅仅停留在形式平等上。形式平等发生在交换领域，即流通领域，流通领域遵循等价交换原则，等价交换要求交换主体之

---

[1] [德] 马克斯·舍勒：《资本主义的未来》，罗悌伦等译，生活·读书·新知三联书店1997年版，第7页。

间的关系是平等关系。这种平等是从交换主体的个体差异中抽象出来的,这种抽象的平等掩盖了交换主体之间在身份、地位等方面的具体差异。"这些代理人除了在他们作为交换者的关系之外,他们在其他任何方面都是相互漠不关心的。"其他方面都被形式平等遮蔽了,因为除了抽象交互性,"商品之间的具体差异和交换者之间的具体差异在交换中都是不相关的"①。

如果说资本主义社会的交互性关系是工具性的,那么后资本主义社会,即共产主义社会的交互性关系则是目的性的,即人由市民社会的手段变为共产主义社会中的目的,马克思将其表述为:"每个人的自由发展是所有人自由发展的条件。"当他人的发展是我的发展的前提条件,促进他人发展就成为我的目的,而不是手段。"马克思以这种人类学的方式重述了康德的绝对命令,意味着人只有把他人当作目的而不是手段,才会像一个类存在那样行事。"②如果把人当作目的,那么人与人之间的交往就不是实现自己利益的手段,交往本身成为目的,成为人的类生活的内容。

我们怎么理解马克思所说的共产主义?对其中"共产"的正确理解是关键。共产主义是对资本主义的辩证的否定,是对私有财产的积极扬弃,扬弃私有财产并不是为了把私有财产关系普遍化,即以普遍的私有财产来反对个别的私有财产。私有财产的普遍化意味着私有财产没有被消灭,只是被平均化了,这实际上把共产主义看作物质财富在一切社会成员中的平均分配,私有财产仍是共同体同物的世界的关系,这种共产主义是对私有财产的"彻底表现",因为社会成员普遍成为资本家。马克思认为,任何私有财产本身所产生的思想都含有嫉妒和平均主义倾向,只要别人比自己占有的财产多。因此,只是把私有财产普遍化的共产主义充分体现了这种嫉

---

① [美]古尔德:《马克思的社会本体论:马克思社会实在理论中的个性和共同体》,王虎学译,北京师范大学出版社2009年版,第131页。
② [以]阿维纳瑞:《马克思的社会与政治思想》,张东辉译,知识产权出版社2016年版,第98—99页。

妒和这种从想象的最低限度出发的平均主义。马克思把这种主张平均主义的共产主义称为粗陋的共产主义，这种共产主义并没有消灭人与人之间的关系的物化，人同世界的关系仍然是人同财产的关系。平均主义式的共产主义是"对整个文化和文明的世界的抽象否定，向贫穷的、需求不高的人——他不仅没有超越私有财产的水平，甚至从来没有达到私有财产的水平——的非自然的简单状态的倒退"①。马克思通过分析粗陋的共产主义，告诉人们扬弃私有财产不是为了使人人平等地占有财产。自己受资本家的剥削，改变命运就把自己也变成资本家，那岂不是被剥夺者也变成了剥夺者，人永远无法回归自身吗？粗陋的共产主义没有认识到共产主义的使命是使人向自身回归，扬弃人的自我异化，没有看到私有制是导致异化的根本原因。除了粗陋的共产主义，还有两种形式的共产主义，即政治性质的和废除国家但尚未完成的共产主义，虽然认识到共产主义的使命是使人向自身回归，消除人的自我异化，但是，由于没有理解私有财产的积极的本质而依然受私有财产的束缚和感染。

私有财产导致人与自身、人与自己类本质以及人与他人相异化，因此，对私有财产积极的扬弃，是对一切异化的积极扬弃，从而使人"向自己的合乎人性的存在即社会的存在的复归"②。通过扬弃私有财产而使人回归的社会，是人与人之间交往的中介被消除的共产主义社会；在共产主义社会，人与人之间不再是竞争关系，而是合作关系，人重新占有了自己的类本质。人在自己类生命中，不再否定，而是肯定自己；不再感到不幸，而是感到幸福；不再像瘟疫一样逃避劳动，而是把劳动当作自己的天职，成为自己的第一需要，因为人的才能得到了全面的发展，创造性活动得到充分发挥。

——共产主义社会的交互性关系是直接的人与人的关系。资本

---

① 马克思：《1844年经济学哲学手稿》，人民出版社2014年版，第76页。
② 马克思：《1844年经济学哲学手稿》，人民出版社2014年版，第79页。

主义社会是由毫不相干的私自的个人组成,人们彼此之间漠不关心,这说明资本主义造成了传统共同体的统一性的瓦解以及人与人之间的分裂。人与人之间不再发生直接联系,而是在以货币为中介的交换中发生间接联系,"在交换中,资本主义以前的社会的人身的或内部的关系被市场的外部关系,即商品的价值之间的关系所代替"①。随着人向社会存在的复归,人与人之间的分裂被弥合,共产主义社会不再是由毫不相干的人组成,而是自由人的联合体;人与人之间互相生产:他自己为别人而存在,这个别人也是为他而存在。交往的需要,作为手段的东西则成了目的。"吸烟、饮酒、吃饭等等在那里已经不再是联合的手段,不再是联系的手段。交往、联合以及仍然以交往为目的的叙谈,对他们来说是充分的;人与人之间的兄弟情谊在他们那里不是空话,而是真情"。② 当你说"朋友就是生产力"的时候,你还没有摆脱市民社会的思维方式,即把他人当作手段来利用,花费心思进行交往的目的是给自己带来利益。当你沉浸于与他人的交往,并感到只有同他人进行交往才能占有自己的本质,那么就表明你已经超越了小市民的唯利是图的思维方式。

进行直接交往的人不是身份的个人,而是有个性的个人。在共产主义社会,个人与共同体之间联系的中介被扬弃了,进入共同体——在马克思那里,共同体是直接统一的有机体——的是个人,而不是阶级的成员。如果不是这样的话,不但不可能发生真正的联合,反而还会造成分裂和对抗,就像资产阶级与无产阶级那样。虽然前资本主义社会共同体的瓦解使人获得人身自由,但是由于资本主义社会是建立在私有制基础上,获得人身自由的人分类为无产阶级和资产阶级,人们并没有成为有个性的个人,依然受阶级身份束

---

① [美]古尔德:《马克思的社会本体论:马克思社会实在理论中的个性和共同体》,王虎学译,北京师范大学出版社 2009 年版,第 25 页。
② 马克思:《1844 年经济学哲学手稿》,人民出版社 2014 年版,第 126 页。

缚，人们是作为阶级的成员与共同体发生关系。所谓的联合也是片面的阶级联合，因此，联合与对抗并存，正所谓"党同伐异"。只要阶级存在，就不可能实现真正的联合，基于人本身的交往就不可能发生。

马克思把共同体区分为"真正"的共同体和"虚假"的共同体。虚假的共同体外在于个人，相对于个人而独立，他不是个人的联合，而是一个阶级反对另一个阶级的联合；个人自由只存在于统治阶级范围内，这个虚假的共同体对被统治阶级是新的桎梏。所谓虚假，是指统治阶级明明是代表本阶级的特殊利益，但是为了证明自身统治的合法性，硬是把特殊利益说成是代表社会普遍利益。共产主义社会是真正的共同体，是自由人的联合体，"在真正的共同体的条件下，各个人在自己的联合中并通过这种联合获得自己的自由"①。通过联合获得的自由是积极的自由，一方面是指这种联合消除了一切自发条件对人的自由的限制，联合起来的人们把他们借以活动的一切条件都置于他们的联合的力量的控制之下。另一方面通过联合增强了个人的力量，弥补了个人在改造自然和社会中的力量的不足。因此这种自由是有能力做某事的积极自由，从必然王国飞跃到自由王国，使人在必然性面前不再盲目，联合的力量在其中发挥了重要的作用。在联合中人们的潜能得到充分发挥，人的创造能力发生了质的提升和飞跃。联合是自愿的联合，而不是被迫的；联合是自由、平等的个人之间的联合，平等不仅仅是形式平等，因为私有制已被消灭，这种联合消除了人身依附。平等的主体之间的联合的目的促进彼此的自由和才能的全面发展。

通过联合获得自由的思想是对卢梭社会契约思想的发展，卢梭说："要寻找出一种结合的形式，使它能以全部共同的力量来卫护和保障每个结合者的人身和财富，并且由于这一结合而使每一个与

---

① 《马克思恩格斯选集》第1卷，人民出版社1995年版，第119页。

全体相联合的个人又不过是在服从其本人,并且仍然像以往一样的自由。"① 在卢梭那里,通过社会契约而进行的结合是为了使人形成公共意志,公意主要在立法中发挥作用,公意立法使法律的对象具有了普遍性,也就是说,法律一视同仁,不区别对待人,它"不考虑个别的人以及个别的行为"。公意立法的目的是贯彻法律之下的自由的理念,这一理念仍然没有超出形式平等这一资产阶级法权范畴。正如卢梭在《山中书简》中所说,"根本就不存在没有法律的自由"。卢梭说大家都追求平等,怕有例外,"怕有例外的人就会热爱法律"。公意在卢梭那里虽然是人民的意志,但是,卢梭却不相信人民的判断力,反而对莱格古士这样的立法者大加赞扬,卢梭本人就曾企图做这样一个立法者。卢梭说,人民永远愿望自己幸福,但却不能永远都看得出什么是幸福。"个人看得到幸福却又不要它;公众在愿望着幸福却又看不见它。"② 卢梭主张民主,但是却不相信民众,这样说来,卢梭的民主只是加在资产阶级市民社会上的一个幌子。

真正共同体的形成有赖于阶级的消亡,把作为阶级的个人解放为有个性的个人,使个人向完全的个人发展。这个解放的任务是由无产阶级来完成的,无产阶级是实现人类解放的唯一的力量。马克思说,这个解放的头脑是哲学,心脏是无产阶级,这颗跳动的心脏就是征服世界的心脏。哲学不是用来解释现实的,而是用来改变现实的;哲学通过批判旧世界,发现新世界,哲学批判要求把现实转变为它们应当所是的内容。而把哲学变成现实的物质武器就是无产阶级。马克思主义哲学的终极目标是实现人的解放,即通过消灭无产阶级,实现人向自身的回归,由自由人的联合体取代阶级的联合体。无产阶级革命的目的就是实现马克思主义哲学的终极目的,使阶级的个人向作为人的个人的回归。因此马克思说:"哲学不消灭

---

① [法]卢梭:《社会契约论》,何兆武译,商务印书馆2003年版,第19页。
② [法]卢梭:《社会契约论》,何兆武译,商务印书馆2003年版,第49页。

无产阶级,就不能成为现实;无产阶级不把哲学变成现实,就不可能消灭自己。"①

马克思认为,个人隶属于阶级的现象,在无产阶级形成之前,是不可能被消灭的。无产阶级是唯一的解放力量,因为只有无产阶级是一个"普遍的阶级",具有普遍的代表性:"我没有任何地位,但我必须成为一切。"

无产阶级之所以是普遍的阶级,是因为无产阶级遭受的苦难是普遍的,它代表了人类状况的"一般范式":无产阶级的痛苦不是"特殊"的无权,而是"一般"的无权。在这里的"权",不是指历史权利,而是人权;一般的无权是指"人的完全丧失",这在无产阶级那里最充分地表现出来。把自己变成肉体的主体,发挥动物的机能,才能把自己变成工人,动物的东西变成人的东西;工人与自己的劳动和劳动产品的分离和异化反映了人与人之间的分离和异化,人的关系变成物的关系,因为交往这种最能表现人的社会本性的东西——使人成为人的东西——被异化为金钱控制下的手段,人丧失了自己。

无产阶级通过自己的遭遇和非人存在昭示了作为人普遍具有的需要,就是以人的高度来看待人,实现人向自身的回归。"历史上有许多阶级曾受苦、反抗,并取得政权,可是并没有真正获得'全人类的解放'。只有当阶级所关心的真正痛苦代表了普遍性的需要,最终解放的革命才有可能。"② 取得政权的阶级可能会成为新的阶级压迫者,它并不是想彻底消灭苦难,而只是想使自己不遭受苦难;它并不是想通过消灭自身实现向人自身的回归,而只是想活得有尊严,这种尊严是建立在对他人尊严的践踏基础上。资产阶级革命前的资产阶级曾是(法国)第三等级,社会底层,打着人

---

① 《马克思恩格斯选集》第1卷,人民出版社1995年版,第16页。
② [美] 维塞尔:《马克思与浪漫派的反讽——论马克思主义神话诗学的本源》,陈开华译,华东师范大学出版社2008年版,第235页。

权招牌的资产阶级革命消灭了封建贵族，自己成为统治阶级，却把无产阶级踩在脚下。它通过维持私有制——封建私有制转变为资本主义私有制——人为制造出无产阶级，马克思把无产阶级称为"人工制造的贫民"，它不是自发产生的，谁愿意成为代表人的丧失的人？资产阶级通过制造自己的对立面来维持自身的存在。

而无产阶级革命胜利后将扬弃所有阶级，它不需要通过制造自己的对立面来确保自身的存在，马克思因此而把无产阶级称为除了反对统治阶级以外不需要维护任何特殊的阶级利益的阶级。资产阶级是通过自己的对立面无产阶级来存在的，而无产阶级是历史上唯一一个在革命胜利后不希望再保留自身的阶级，通过消灭自身而建立一个"属人的世界"，塑造一个"要求人的地位的社会领域"。随着无产阶级消灭了自身，资产阶级也将彻底消失，阶级的联合体将被个人的联合体所取代；人们都以"人"的身份走向共同体，走向联合。共产主义社会是自由人的联合体，而不是阶级的联合体。外在的异己的身份不再能界定人，"人的根本就是人本身"成为人们的共识。人是人的最高本质，那些使人成为被侮辱、被奴役、被遗弃和被蔑视的东西的一切关系被推翻。在马克思看来，在"人"这个词的前面任何关于身份的修饰词都可能构成对人的贬低。成为无产阶级的"人"是不幸的，成为资产阶级的"人"也是不幸的；无产阶级是代表非人的存在，资产阶级则徒有人的外观，而无人的实质。工人是把人看作"肉体"的主体的结果，只有动用自己的动物机能才能去劳动的人。在人前面加"自由"二字，这是对人以及作为人的基本要求。自由人，即是摆脱身份束缚而成为"人"的人。

无产阶级的解放运动具有普遍意义。如果不能消灭产生阶级以及阶级对立的温床，无产阶级就依然是人类苦难的普遍范式，因此，无产阶级只有解放全人类才能解放自己："它是一个若不从其他一切社会领域解放出来并同时解放其他一切社会领域，就不能解放自己的领域，总之是这样一个领域，它本身表现了人的完全丧失，并因而只有通过人的完全恢复才能恢复自己。"① 资产阶级启蒙思想家所宣扬的人权思想之所以是虚假的，具有欺骗性，是因为在存在阶级和阶级对抗的情况下，他们所宣扬的自由和平等只能流于形式。在资本主义社会，劳动者有人身自由，他可以自由地签订契约出售或让渡自己的劳动能力，但是，"单个的工人，除了他或她的劳动能力之外没有其他可以交换的财产，不能自由地不去从事这种交换。这种依赖性就产生于这样一个事实，即工人的活动与他或她的生存所需要的客观条件都属于资本"②。无产阶级成为资本的附庸，人身自由最终成为空话。

——共产主义社会中的交互性关系以合作取代了对立和竞争。资产阶级市民社会是按照个人主义原则来运行的，市民社会成员被看作自足的、分立的原子，"每个人都同样被看作孤独的单子"，而市民的权利是狭隘的、封闭在自身的个人的权利。这种个人主义模式运用的结果必然使整个社会陷入分裂。"个体主义认为，可以设想人类活动的一种完全地和排他性地属于个体的领域。这样一种假说遇到的主要困难在于，个体之间根据这种模式进行的唯一可能的行为交往是对立性的。旨在达成团结的任何人类行为都不可能最终内在地从这种模式中得出来。"③ 这种个人主义模式只适应于以机械复合体的形式出现的社会中，因为只有在机械复合体中作为整体的组成要素可以离开其他部分而独立存在，在这种社会中，个人没有社会观念和集体意识。按照卢梭的话说，就是人是好的，人群是坏的；恶就是融入群体之中，人身上的所有丑态都是在人群中发生的，贪婪、虚荣、做作，等等，只有孤独的人是善良的。不过，

---

① 《马克思恩格斯全集》第1卷，人民出版社1956年版，第466页。
② [美] 古尔德:《马克思的社会本体论：马克思社会实在理论中的个性和共同体》，王虎学译，北京师范大学出版社2009年版，第127页。
③ [以] 阿维纳瑞:《马克思的社会与政治思想》，张东辉译，知识产权出版社2016年版，第98页。

卢梭的想法过于理想化，人不可能生活在真空中；在现实中，市民社会成员——马克思在《德意志意识形态》中特指资产阶级——都是贪婪的利己主义者；没有他人观念的人一旦进入社会，就会像狼一样，以自由的名义破坏社会秩序。

交互性关系以合作模式出现说明社会是一个有机体。在有机体中，作为整体的构成要素既不能单独存在，也不能脱离与其他要素的关系而单独发挥作用，构成要素之间的差别主要体现在各种要素所发挥的机能不同。"在有生命的有机体中，各种元素作为元素本身的任何痕迹全都消失。在这里，差别已经不在于各种元素的彼此分离的存在，而在于受同一生命推动的不同职能的活生生的运动。所以，这些职能的差别本身不是现成地发生在该生命之前，而是相反，不断地从生命本身发生，同样不断地在生命中消失和失去作用。"把社会看作一个有机体，意味着它是由其全部构成要素之间相互联系和相互作用而推动自身发展的统一体。

"社会有机体"这一概念，最早出现于马克思的《哲学的贫困》（1847年）中，马克思用社会有机体概念来批判鲍威尔的唯心史观："谁用政治经济学的范畴构筑某种思想体系的大厦，谁就是把社会体系的各个环节割裂开来，就是把社会的各个环节变成同等数量的依次出现的单个社会。其实，单凭运动、顺序和时间的唯一逻辑公式怎能向我们说明一切关系在其中同时存在而又互相依存的社会机体呢？"社会有机体中的一切关系同时存在而又互相依存。把社会看作生命有机体，就意味着人与人之间以及人对社会存在着依赖关系。在共产主义社会，对他人的需要已经失去了利己主义性质，当人与其他人紧密地联系在一起，"别人的感觉和享受也成了我自己的占有"，他自己为别人而存在，同时这个别人也是为他而存在。[①]

---

① 马克思：《1844年经济学哲学手稿》，人民出版社2014年版，第79页。

在传统的封闭的小团体中，人们之间也是非利己主义的合作关系，这种合作关系可以用休戚与共和相濡以沫来形容。但是，这种利他主义的合作关系是人的不自由的表现，人与人之间不是平等关系，而是人身依附的等级关系。共产主义社会是自由人的联合体，合作关系是在自由而平等的个人之间展开的，而且这种合作是为了个人的自由而全面的发展。个人的自由发展之所以没有演化为你死我活的对立和斗争，就在于它是以集体的发展为前提，在这一前提下，只有通过与他人的合作，我们才能实现自身发展；只有在他人的帮助下，我们的潜能才能得到充分发挥。马克思通过恢复人的类本质，把市民社会中的"你死我活"的关系转变为共产主义社会中"合作共享"的关系；通过增强他人力量来使自身得到发展，而不是通过损害他人利益来增强自己的力量，后者会使社会陷入无休无止的冲突，最终损害所有人的利益。

在这里我们不能认为马克思从一个极端——无视他人和社会的个体主义——走向另一个极端，即无视个人的整体主义，这种整体主义把个人利益与集体利益对立起来。马克思既反对无视集体的个人主义，也反对无视个体的整体主义，个人主义和整体主义把个人与集体对立起来，在个人与集体之间制造出裂隙。马克思指出，"只有在共同体中，个人才能获得全面发展其才能的手段，也就是说，只有在共同体中才可能有个人自由"[1]。人"不仅是一种合群的动物，而且是只有在社会中才能独立的动物。"[2] 从这些论述中我们可以看出，马克思并没有把自由与共同体、个人与社会对立起来，而是认为它们之间是协调统一、相辅相成的。马克思指出，人既是具有特殊性的个体，又是拥有普遍性的全体；个体是过着类生活的个体，个体因过着类生活而具有普遍性的存在意义，只有在与他人的联系中个人才能体现出自己的与众不同。"个体性的根源的

---

[1] 《马克思恩格斯选集》第1卷，人民出版社1995年版，第119页。
[2] 《马克思恩格斯选集》第2卷，人民出版社1995年版，第2页。

最初状态也不取决于我的自由,而是取决于我与另一个理智存在者的联系。"① 在类生活中特殊性与普遍性实现统一。把个人与社会对立起来,就是否认人是类存在物,使人与自己的类本质相异化。"首先应当避免重新把'社会'当作抽象的东西同个体对立起来。个体是社会存在物。因此,他的生命表现,即使不采取共同的、同他人一起完成的生命表现这种直接形式,也是社会生活的表现和确证。人的个体生活和类生活不是各不相同的,尽管个体生活的存在方式是——必然是——类生活的较为特殊的或者较为普遍的方式,而类生活是较为特殊的或者较为普遍的个体生活。……因此,人是特殊的个体,并且正是人的特殊性使人成为个体,成为现实的、单个的社会存在物,同样,人也是总体,是观念的总体,是被思考和被感知的社会的自为的主体存在,正如人在现实中既作为对社会存在的直观和现实享受的存在,又作为人的生命表现的总体而存在一样。"②

马克思反对把公共利益上升到意识形态高度,使其意识形态化,并以公共利益的名义抬高社会,打压个人,他指出历史上的"普遍利益"都是由那些被界定为"私人"的个体创造的,普遍利益和个人利益之间的矛盾仅仅是一种"表面的矛盾",是人为制造出来的矛盾。无论是否认个人利益,还是否认集体利益,都是把道德与利益割裂开来。离开利益讲道德将导向道德(理想)主义,个人在"否定自我"——不同于"忘记自己"——中被推向道德祭坛,并使集体失去活力和发展的动力。否定自我的人丧失了主体意识,他只是机械地被动接受和服从,而不能主动作出判断和选择,久而久之就会养成奴性人格。否定自我的人会觉得自己矮人三分,自己处处不如别人,而只有具有自我观念的人才会忘记自己,

---

① [德] 费希特:《伦理学体系》,梁志学、李理译,商务印书馆2010年版,第232页。
② 马克思:《1844年经济学哲学手稿》,人民出版社2014年版,第80—81页。

费希特的伦理学体系讲的就是人从"自己规定自己"到人"忘记自己"的社会化过程。人自我规定自我是达到忘记自我的道德境界的前提,这是一种主动奉献精神的体现。而否定自我的人是不可能有责任意识和奉献精神的,"真正的德行则在于行动,在于为了全部共同体成员的行动,而在这里人们是应当完全忘记自己的"①。共同体依赖于个人的操劳,为了保障集体的共同行动而使自己的个体性消失;个人的自我完善不是与上帝融为一体,而是与他人融为一体。每个人都以他人为目的,就没有人以自己为目的,以他人为手段,而每个人都被他人当作目的;这种自我忘记的结果是使自己成为共同体的"上宾",在他人的关注中得以自由发展。在真正共同体之中,人的类本质的回归,使个人主义与集体主义之间的历史冲突得到解决,个体与群体在人的类生活中得到整合。

——在共产主义社会人全面占有自己的类本质。生产生活是人的类生活,"这是产生生命的生活。一个种的整体特性、种的类特性就在于生命活动的性质,而自由的有意识的活动恰恰就是人的类特性"②。在资本主义社会,人之所以厌恶工作,像逃避瘟疫一样逃避劳动,就在于生产生活不是人的类生活的内容和目的,而是一种满足生存需要即维持肉体生存需要的一种手段,人的类生活成为手段。劳动不是出于自己的意愿,也不是基于自己的兴趣,而是被迫进行的;这种强迫既有生理方面的,即人的动物机能——不吃饭会挨饿——的强迫,又有社会方面的,即资本所有者的强迫,工人为了能够劳动而把自己的劳动力出卖给资本家,使其依附于资本,结果是自己的劳动不归自己支配,自己劳动产品也不归自己所有。

在共产主义社会劳动成为基于人的兴趣的自愿劳动,类生活不再是手段,而成为生活本身。劳动就是体验生活,享受生活,而不

---

① [德]费希特:《伦理学体系》,梁志学、李理译,商务印书馆2010年版,第268页。
② 马克思:《1844年经济学哲学手稿》,人民出版社2014年版,第53页。

是为了生活，劳动就是类生活本身。马克思说，在共产主义社会，劳动不是人为了谋生而不得不去做的事情，而是人的"天职"，劳动"成为人的第一需要"。劳动由被动转向主动，由生存需要转向生活需要，这一转变的发生首先是由于私有财产即人的自我异化的积极的扬弃，解决了劳动与资本之间分离的矛盾，使劳动者成为生产资料的主人，成为自己劳动和劳动产品的主人，"对私有财产的积极的扬弃，就是说，为了人并且通过人对人的本质和人的生命、对象性的人和人的产品的感性的占有，不应当仅仅被理解为直接的、片面的享受，不应当仅仅被理解为占有、拥有。人以一种全面的方式，就是说，作为一个完整的人，占有自己的全面本质"①。其次，共产主义社会是建立在生产力高度发达和物质财富极大丰富基础上的，这就消除了因物质匮乏和极端不平等所造成的人为了生存而被迫劳动的情形，共产主义社会的自由是免于匮乏的自由，生存权和发展权是最大的人权，自由不是无经济和社会实质内容的空头支票。只有解决了基本的生存问题，人们才有时间和精力从事其他的社会活动，生存——基于肉体需要——解决了，人们开始按照自己的意愿去体验和享受生活，去从事使自己的才能得到全面发展的创造性的活动。"使我有可能随自己的兴趣今天干这事，明天干那事，上午打猎，下午捕鱼，傍晚从事畜牧，晚饭后从事批判。"② 社会分工不再把人们的才能限制在特殊的领域之内。在资源稀缺和物质匮乏的情况下，人与人之间矛盾和斗争就无法从根本上加以解决，如果不能通过生产力的发展来克服稀缺和匮乏，"那就只会有贫穷、极端贫困的普遍化；而在极端贫困的情况下，必须重新开始争取必需品的斗争，全部陈腐污浊的东西又要死灰复燃"③。共产主义不是幻想，它是建立在现实的物质基础上的，正

---

① 马克思：《1844年经济学哲学手稿》，人民出版社2014年版，第81页。
② 《马克思恩格斯选集》第1卷，人民出版社1995年版，第85页。
③ 《马克思恩格斯选集》第1卷，人民出版社1995年版，第86页。

如马克思所说，思想一旦离开利益，就会使自己出丑。

共产主义就是马克思所说的自由王国，异化在从必然王国向自由王国的飞跃中被克服。克服异化，既不能逃避现实也不能屈从于现实。之所以不能逃避现实，是因为人并不是抽象地栖息在世界之外的东西；之所以不能屈从于现实，是因为人是现实的永恒的反叛者，人是一种在实践中不断地超越自己的存在物。卢梭以自然状态中"我"贬抑社会状态中的"我"，既得出了自由是人的本色，也得出了文明退步论——文明因人类的自我的迷失而退步。马克思以自由王国的"我"（辩证）否定必然王国的"我"，既得出了自由是人之为人所应达到的水准，也得出了文明进步论——文明因人类的自我超越而进步。

虽然自然状态与自由王国都不存在法和国家的实证制度，也不存在导致人性分裂和异化的社会力量，但是，二者还是有着本质区别。把社会性存在的人还原为自然状态中本真的人，并不是人的自我超越，因为人之为人所应达到的水准是人的境界和存在方式的质的飞跃，而不是对人的本色的一种如实反映。从人的"本然"状态出发，只是确定了人的某种可能性，这种可能性终归是什么样以及如何实现这种可能性，必须依靠生活体验和实践。人只有通过对生活的体验与实践来追问人生的价值和意义；人也只有通过享乐和受苦，他才会认识到自己应该追求什么、避免什么。

马克思指出，辩证法是人所具有的认识形式。就其本质而言，辩证法是"批判的和革命的"，把辩证法作为人的认识形式，也就赋予了人类在现实层面反思、否定和超越自我的能力。就其作用而言，辩证法使人们能够"分辨真伪"，把辩证法作为人的认识形式，也就赋予了人们在外部物质世界中将属人的东西与非人的力量区分开来的能力。正是因为辩证法这种认识形式，赋予了人类逐渐摆脱必然性这种盲目力量的奴役和支配的能力；经由对"人身依附"和"对物的依赖"的辩证否定，终将消灭社会关系对个体人的异己构建,将个体人还原为自由的、自主的存在。从"必然王国"向"自由王国"的飞跃带给人类的是真正而全面的自由:"每个人的自由发展是一切人自由发展的条件。"正如亚里士多德所说,能够生活在国家之外的人,不是野蛮人,就是神。在卢梭那里远离了崇高的人性,在马克思这里经过辩证的否定终归要接近崇高。自由王国就像黑夜中的"北斗七星"发出的光芒,指引着黑夜中不知为何而忙碌着的人们,提醒他们不要忘记做人的使命。来自自由王国的声音不是天国中上帝发出的,而是人的灵魂深处崇高的愿景。只要我们认为自己具有鼓舞人心的价值和崇高的尊严,就应当以敬畏之心聆听来自自由王国的宣言。

第七章

中国式现代化：克服资本主义现代性弊端的文明新图景

马克思通过批判资本主义为人的解放指明了方向，并提出了实现人的自由而全面发展的科学的社会构想；中国式现代化克服了资本主义现代化的弊端，为实现人的解放、实现人的全面发展开创了光明的前景。

现代化是从传统社会向现代社会的系统变迁，现代化虽然肇始于西方，但是不能把现代化等同于西方化。把现代化等同于西方化实质上就是把西方现代化模式普适化，普世观念反映了西方社会的傲慢与偏见，并给非西方社会带来巨大灾难。中国式现代化是对西方现代化的系统纠错，创造了人类文明新形态。

党的二十大报告对中国式现代化内涵做了科学的界定，中国式现代化既具有现代化的一般特征，又具有鲜明的中国特色；中国式现代化打破了把现代化等同于西方化的固化思维，展现了现代化的新图景。理解中国式现代化必须揭示把现代化等同于西方化的实质与危害，系统阐释中国式现代化对西方现代化的否定与超越。

一 现代化的内涵

现代、现代性与现代化是三个既有区别又有联系的概念。现代是一个时间概念，现代与传统相对，它隐含着对过去和传统的贬抑；现代性相对于传统性，是一个描述社会性质和形态的概念，它"指的是在现代化过程中所具有的社会生活和文化的特定形态"①。而现代化是一个描述发展变迁的过程性概念，所谓现代化就是从传统社会向现代社会的变迁，这一变迁是一个复杂的过程，涉及政治、经济、文化和社会等许多方面。

现代化肇始于西方，"从人类社会历史的演变来说，人类进入现代社会的历史进程与资本主义生产方式的形成和发展过程是同步的"。马克思对西方资本主义现代化促进生产力发展的成就给予充分肯定："资产阶级在它的不到一百年的阶级统治中所创造的生产力，比过去一切世代创造的全部生产力还要多，还要大。"②资本主义开辟了全球化进程，并将人类历史带进世界历史，正如马克思在《共产党宣言》中所说："资产阶级，由于开拓了世界市场，使一切国家的生产和消费都成为世界性的了。……民族的片面性和局限性日益成为不可能"③。随着全球化的发展，现代化成为世界潮流，建立在西方历史经验基础上的现代化被应用到世界的其他地方，并使现代化呈现多样化的形态。例如欧洲和北美的盎格鲁-撒克逊模式的资本主义现代化、莱茵模式的资本主义现代化、北欧模式的现代化，亚洲儒家资本主义现代化模式，中国发展的中国特色社会主义现代化模式。作为一个全球现象，现代化成为全球各国努力追求和实现的目标，尽管各国的历史和国情不同，走向现代化的道路也不尽相同，但是，现代化也呈现一般的共性特征。

经济层面的工业化。现代化就是从农业文明走向工业文明的过程，工业化是现代化的重要标志，它为现代化提供物质基础。由于基于科学技术的广泛应用，工业化极大地提高了人类劳动生产率，马克思对工业革命以来资本主义的发展给予了充分肯定："资产阶

---

① [意]艾伯特·马蒂内利：《全球现代化——重思现代性事业》，李国武译，商务印书馆 2010 年版，第 13 页。
② 《马克思恩格斯选集》第 1 卷，人民出版社 1995 年版，第 277 页。
③ 《马克思恩格斯选集》第 1 卷，人民出版社 1995 年版，第 276 页。

级在它的不到一百年的阶级统治中所创造的生产力，比过去一切世代创造的全部生产力还要多，还要大。自然力的征服，机器的采用，化学在工业和农业中的应用，轮船的行驶，铁路的通行，电报的使用，整个整个大陆的开垦，河川的通航，仿佛用法术从地下呼唤出的大量人口，——过去哪一个世纪料想到在社会劳动里蕴藏有这样的生产力呢？"① 工业化改变了人与自然的关系，人与自然的和谐关系被打破，因为人类形成了对自然的技术统治；自然因神秘面纱被科学技术掀开而向人类敞开了大门，笛卡尔曾预言了科学技术对于自然的帝国主义控制，"科学已经禁锢和审讯了无机自然界的强大力量，而技术则宣判对它们处以强迫劳动"②。工业化带来城市化，原有基于宗法血缘关系形成的封闭的农村社区被具有高度流动性的新型城镇所代替，大量人口集中于多元而复杂的城市之中。

政治层面的民主化。现代化在政治上的变迁就是从封建专制向民主法治的变迁。从权力的来源来看，封建的"君权神授"思想被带有平等主义色彩的人权思想所否定，并被"主权在民"思想所取代。这种思想强调人们生而自由平等，任何人出生都不比他人高贵。没有人出生就头戴王冠，手执权杖，因而没有天然的权威，没有天——上帝——选之子。权威的合法性来源于人民的同意，政府的权力来自人民，是人民的权利派生的。"国王的权威的最终来源并非上帝，也不是传统，而是人民，无论是由于人民最初通过某种决定建立君主国，还是他们要经常重新选举统治者。"③ 从执政方式来看，人治被法治所取代。人治——好人政治——倾向于专权，因为人治的前提假设是统治者贤良智慧，他不会滥用权力；把

---

① 《马克思恩格斯选集》第 1 卷，人民出版社 1995 年版，第 277 页。
② [德] 阿诺德·盖伦：《技术时代的人类心灵——工业社会的社会心理问题》，何兆武、何冰译，上海科技教育出版社 2008 年版，第 88 页。
③ [英] 安东尼·阿伯拉斯特：《民主》，孙荣飞、段保良、文雅译，吉林人民出版社 2005 年版，第 39 页。

权力交给这样的人才能给民众带来福祉,限制好人统治就是阻止智慧的自由发挥。人治社会往往陷入"人存政举,人亡政息"的怪圈,当好人变坏的时候,对江山社稷、民众福祉将是一场灾难,因为社会缺乏防止权力滥用的机制。人治社会不是没有法律,但是,法不构成对权力的限制,它无法阻止特权的产生,因为它认可人身份的不平等。而法治是针对人性的弱点而设计的,正如洛克所说,权力的集中将给人性的弱点以极大的诱惑。防止权力滥用不能对人性和道德承诺抱有太大的期望,必须限制和规范政府权力;政府权力是人民权利派生的,只有限制政府权力才能更好地保障公民的权利和自由。

文化层面的理性化。现代化是理性化过程,理性主义的思想启蒙运动开启了现代化进程,理性主义体现了现代性的文化精神。艾伯特·马蒂内利把理性主义界定为"人类了解、控制和改造自然的心智能力",界定为"人类对理性地追求其自身目标的信心,以及归根到底对成为自己命运主人的信心"[1]。理性主义文化使人崇尚科学,反对迷信和幻想,在追求真理的道路上,人们不断冲破蒙昧主义和神秘主义的束缚,使人类的知识视野得到扩展。在科学的时代,知识不仅仅是对世界的认识,它已经变成一种改造世界的强大力量,正如培根所说,"知识就是力量"。理性主义使人尊崇自己的理智,理智赋予人改变自己命运的力量,使人有选择自由;人们以批判的眼光看待外部世界,不再盲目屈服于教会和世俗权威。理性主义文化,一方面促进了世俗化,瓦解了宗教的世界图景;另一方面促进了人的主体意识的觉醒。也就是说,理性文化强调人的自主性,人是自己命运的主人,幸福是通过自己的劳动创造出来的。理性主义增强了人们的现世信心以及对未来发展的乐观态度,即认为人类的问题可以通过理智、良好的教育和日益增长的物质的

---

[1] [意] 艾伯特·马蒂内利:《全球现代化——重思现代性事业》,李国武译,商务印书馆 2010 年版,第 25 页。

繁荣来解决。

二 现代化不等同于西方化

现代性肇始于西方理性主义的启蒙运动，启蒙运动把人从蒙昧状态中唤醒，使科学与进步的观念得到普及和传播。在16世纪至20世纪初的世界历史进程中，现代化经验大多来自西方，西方化也由此被塑造成人类现代化的代名词。"自从西方社会与以前的社会在经济和社会组织、政治关系和文化特征上表现出巨大的不同与反差之后，它们成为现代性的象征。在西方社会成为世界文明的意义上，现代化倾向于等同于西方化。"① 但现代化道路绝非西方的"专利"，不能因为西方率先推进工业化、现代化，就把工业化、西方化作为现代化的代名词。习近平总书记指出："世界上既不存在定于一尊的现代化模式，也不存在放之四海而皆准的现代化标准。"②

把现代化等同于西方化实质上就是把西方现代化模式普适化。普世价值观来源于18世纪欧洲启蒙思想，并为殖民主义提供了思想基础。"启蒙思想肯定人类的统一性，进而肯定价值的普世性。欧洲国家深信自己是最高价值的承载者，认为被授权将他们的文明带给那些没有他们幸运的民族。"③ 普世论就是欧洲中心论，它是建立在对其他民族的歧视基础上的：自诩高人一等，掌握绝对真理和话语权，并把拯救其他民族当作自己的神圣职责。普世价值观实际上带有很深的傲慢和偏见，认为自己生活在光明之中，别人都生

---

① [意] 艾伯特·马蒂内利：《全球现代化——重思现代性事业》，李国武译，商务印书馆2010年版，第13页。
② 习近平：《高举中国特色社会主义伟大旗帜　奋力谱写全面建设社会主义现代化国家崭新篇章》，《人民日报》2022年7月28日第1版。
③ [法] 茨维坦·托多罗夫：《启蒙的精神》，华东师范大学出版社2012年版，第35—36页。

活在黑暗之中，然后就像柏拉图洞穴比喻中那个智者下降到洞穴中，把身处黑暗中的那些弄不清真实与虚假的人们引向光明。长期生活在洞穴和黑暗之中的人们怎么能够相信下降到洞穴中的智者的话？法国大革命时期的孔多塞就曾扬言教化和消灭野蛮民族是欧洲文明国家的使命。

塞缪尔·亨廷顿认为，如果普世文明是指某些基本的价值观为人类所共有，如把谋杀看作罪恶，那么谈普世文明是没有问题的。"大多数社会的大多数人民具有类似的'道德感'，即'浅层'的关于什么是正确和谬误的基本概念的最低限度道德。如果这就是普世文明的含义，那么它既是深刻的又是根本重要的，但是它既不是新鲜的也不是相关的。"[①] 我们可以设想，如果没有为人类所具有的某些共同的价值观，不同文明形式，具有不同文化和风俗习惯的民族之间的沟通和交流，学习和互鉴是不可能发生的。但是，亨廷顿认为，在西方语境中，普世文明不是在这个意义上被理解的，普世主义是为西方统治非西方社会，以及非西方社会模仿西方的实践和体制辩护的，总而言之，普世主义是"西方对付非西方社会的意识形态"。西方所宣扬的普世主义是西方之为西方的东西，但不是西方之为现代的东西。把现代化等同于西方化，这是完全虚假的同一，"现代化有别于西方化，它既未产生任何有意义的普世文明，也未产生非西方社会的西方化。……西方国家的普世主义日益把它引向同其他文明的冲突"。[②] 西方所谓的普世主义价值观并不被大部分非西方国家的人民认同，普世主义被指责为伪善，它到处充斥着"双标"和"例外"："民主要提倡，但如果这将使伊斯兰原教旨主义者上台执政，就该另当别论；防止核扩散的说教是针对伊朗和伊拉克的，而不是针对以色列的；自由贸易是促进经济增长

---

① [美]塞缪尔·亨廷顿：《文明的冲突与世界秩序的重建》，周琪、刘绯、张立平译，新华出版社2014年版，第35页。
② [美]塞缪尔·亨廷顿：《文明的冲突与世界秩序的重建》，周琪、刘绯、张立平译，新华出版社2014年版，第4页。

的灵丹妙药，但不适用于农业……"[①]

西方国家推行普世价值观给世界带来的不是光明，而是灾难。西方国家把自身打扮成人类最高价值的承载者，企图建立一个由西方价值观主宰的同质世界。

19世纪和20世纪上半叶的殖民扩张，使广大亚非拉国家成为西方殖民者的附庸，中华民族就身受其害，由一个主权独立、富庶的国家变成积贫积弱、任人宰割的国家。冷战末期，美国凭借其强大的经济和科技实力，利用其在各类国际组织中的话语权来改造其他国家，1989年经济学家约翰·威廉姆森提出非西方国家通过体制转轨迅速实现西方化的所谓"华盛顿共识"。华盛顿共识核心内容就是市场化、自由化和私有化，这种使非西方国家迅速西方化的体制转轨主张又被称为休克疗法。华盛顿共识使拉美国家深陷"中等收入陷阱"，看不到经济发展的方向和希望。受华盛顿共识毒害最深的是苏联和东欧国家，这些国家都普遍接受了所谓的"休克疗法"。超级大国苏联分崩离析，"一分十五"。激进的私有化运动给苏联造成的经济损失比二战时期还要大，私有化运动成为少数权贵瓜分社会财富的一场盛宴，私有化后的俄罗斯变成了一个"财团控制经济、寡头参与政治"的社会。有数据估计，1990—1998年因为经济混乱导致俄罗斯至少有340万人过早死亡。私有化成全了少数权贵，广大民众深受其害。东欧剧变苏联解体后，美国学者弗朗西斯·福山提出"历史终结论"，认为人类历史的最终形态不是共产主义，而是西方资本主义的议会民主制度和自由市场经济制度。这种观点集中体现了西方人的历史傲慢。

现代化概念尽管建立在欧洲和北美的历史经验基础之上，但是，也可以被应用到世界的其他地方，不过，要切记其他国家现代化时期的多样性、它们的发展顺序及其制度的特定性。现代化的全

[①] [美]塞缪尔·亨廷顿：《文明的冲突与世界秩序的重建》，周琪、刘绯、张立平译，新华出版社2014年版，第162页。

球性特征并不意味着采纳欧洲式的方式，也不意味着现代化具有唯一的蓝图。相反，它意味着通往现代化的不同道路的独特性。

三 中国式现代化是对西方现代化的扬弃

中国式现代化道路是具有中国特色的社会主义现代化建设道路，中国特色既体现在它是基于中国国情的现代化建设道路，又体现在它的世界影响力上。中国式现代化超越了西方现代化的局限性，创造了人类文明新形态，实现了人类历史上前所未有的大变革，为发展中国家走向现代化提供了全新的选择。习近平总书记在2021年11月11日党的十九届六中全会第二次全体会议上指出：中国式现代化道路，"破解了人类社会发展的诸多难题，摒弃了西方以资本为中心的现代化、两极分化的现代化、物质主义膨胀的现代化、对外扩张掠夺的现代化老路，拓展了发展中国家走向现代化的途径，为人类对更好社会制度的探索提供了中国方案"。

（一）中国式现代化是"以人民为中心"的现代化对"以资本为中心"的现代化的否定。

资本主义制度是建立在私有制基础上的资产阶级统治的制度，资本主义生产目的是为掌握资本的资本家利益服务的，因此资本主义现代化是以资本为中心的现代化；资本成为主宰社会的根本逻辑，资本主义现代化过程受制于资本、听命于资本、服务于资本。

资本具有剥削性。资本只有占有和支配活劳动才能使自己增殖，资本为了像吸血的蚂蟥一样吸附在活劳动上，它就必须在社会上制造出大批一无所有的必须靠出卖劳动力为生的劳动者，马克思在《共产党宣言》中指出："私有财产对十分之九的成员来说已经不存在。"少数资本家占有生产资料，他们支配工人的劳动，占有工人的劳动产品。工人生产的越多，他们能占有的就越少；一方面是资本家财富的积累，另一方面是工人贫困的积累。在资本主义社会里"劳者不获,获者不劳"。虽然资本主义经济危机爆发后,政府通过收购私营企业,或者通过入股私营企业——公私合营——等国家资本主义措施,使公有经济成分占比增加,以此来增强政府对经济的干预能力,但这都是应付经济危机的临时性措施,其目的是帮助资本家渡过危机。这些措施并没有改变资本主义私有制的性质,在经济危机过后,保守主义——在西方指拥护私有化、自由化的新自由主义思想——就会回归。例如,20世纪80年代,美国总统里根实行的保守主义革命结束了为了应对经济危机而采取的政府干预经济的凯恩斯主义;它强调政府不干预私人经济运营,尤其反对福利经济学的通过"劫富济贫式"的税收来增加穷人收入,认为这将打击富人投资的积极性,使穷人变懒。马克思在《共产党宣言》中就针对消灭私有财产制度会导致懒惰之风兴起进行反驳,指出:"这样说来,资产阶级社会早就应该因懒惰而灭亡了,因为在这个社会里劳者不获,获者不劳。所有这些顾虑,都可以归结为这样一个同义反复:一旦没有资本,也就不再有雇佣劳动了。"[1] 真正懒惰的不是那些一无所有的劳动者,害怕剥削不到劳动者,这是资本家最大的担忧。

资本具有野蛮的扩张性。马克思在《共产党宣言》中指出,资本家为了寻找市场,到处落户,到处开发,到处建立联系。"把一切民族甚至最野蛮的民族都卷到文明中来了。它的商品的低廉价格,是它用来摧毁一切万里长城、征服野蛮人最顽强的仇外心理的重炮。它迫使一切民族——如果它们不想灭亡的话——采用资产阶级的生产方式;它们迫使它们在自己那里推行所谓的文明,即变成资产者。"[2] 近代以来,资本的扩张是伴随着对落后民族的野蛮的殖民战争而进行的。在美洲,西方殖民者疯狂屠杀印第安人,在非洲,大量黑人被贩卖到美洲甘蔗种植园中当奴隶,致使非洲减少一

---

[1] 《马克思恩格斯选集》第1卷,人民出版社1995年版,第288—289页。
[2] 《马克思恩格斯选集》第1卷,人民出版社1995年版,第276页。

亿青壮年劳动力。英国有一家叫"南海"的公司,它垄断了非洲的奴隶贸易,这家公司因奴隶贸易的丰厚利润而使其上市股票一度暴涨到1000英镑,引发英国全民炒股热情,连大科学家牛顿都购买过南海公司的股票。在亚洲,西方殖民者的侵略使中国沦为半殖民地半封建社会,遭受百年屈辱。马克思说资本来到世间,每个毛孔都滴着血和肮脏的东西。资本奉行弱肉强食的丛林法则,恃强凌弱是其本性。

英国哲学家霍布斯说人与人之间像狼一样的人类图景,是对资本主义社会的形象描述:资本贪婪无度,至死方休。达尔文和尼采都鼓吹强者逻辑。尼采宣告了西方虚无主义时代的到来,上帝死了,一切都被允许了。上帝之死使尼采看到两个后果:宗教信仰的衰落以及达尔文物种进化的无情思想。这两者的结合"让他看到了人与动物的基本差别的泯灭"。尼采认为只有强者才能生存下去,也只有强者才配仁慈,弱者不值得同情和怜悯。尼采把同情、友善、谦卑、勤劳看作奴隶的道德,这种道德被尼采视为对人的生命意志的否定。尼采认为主人道德从来不多愁善感,强者掠夺弱者天经地义:"生命本质上就是对异己者和弱者的占用、伤害和征服,是各种形式的压制、施暴和强迫……用最婉转的话讲,至少也是利用。"[1] 曼德维尔和亚当·斯密为这种强者逻辑找到了一个冠冕堂皇的理由:自私比利他的行为更有利于社会,道德的善不是故意做出来的,正所谓"私恶即公益"。每个人都追求自身利益,在一只看不见的手的指引下却不经意地促进了社会利益。这既没有使个人丧失动力,又促进了社会利益。社群主义的代表麦金泰尔揭露了曼德维尔和斯密主张背后的强者阴谋:强者的这套道德说辞"把自私隐藏在道德表白的背后,以便更有效地扩张自我"[2]。

---

[1] [美] S.E. 斯通普夫、J. 菲泽:《西方哲学史》,匡宏等译,世界图书出版公司2009年版,第355页。
[2] [美] 阿拉斯代尔·麦金太尔:《伦理学简史》,龚群译,商务印书馆2010年版,第220页。

在以资本为中心的现代化语境中，强者逻辑导致效率与公平处于尖锐对立中，资产阶级只承认形式平等这种"资产阶级法权"，不承认实质平等，在这里，形式平等就是机会平等，给你机会，结果不管。富人跟穷人谈机会平等，有多么滑稽可笑！富人致富的机会远远多于穷人，穷人致贫的机会远远大于富人，这就是马太效应。资本主义社会创造了巨大的物质财富，却造成严重的两极分化。美联储报告显示，2020年，美国最富的前1%和10%人口分别占全部家庭财富的30.5%和69%，而最穷的50%的人口仅占全部家庭财富的1.9%，这种差距呈加速拉大趋势。在新冠疫情期间美国80%的民众拿不出500美元，只能等待政府救济。习近平总书记在总结西方现代化过程中造成的两极分化和社会撕裂的经验教训时指出："当前，全球收入不平等问题突出，一些国家贫富分化，中产阶级塌陷，导致社会撕裂、政治极化、民粹主义泛滥，教训十分深刻！我们必须坚决防止两极分化，促进共同富裕，实现社会和谐安定。"[1]

以人民为中心是中国式现代化的最高价值遵循。这是由马克思主义唯物史观的理论特质、我国社会主义的国家性质和我们党的宗旨所决定的。人民性是马克思主义的本质属性。马克思主义之所以具有跨越国度、跨越时代的影响力，就是因为它植根于人民之中，指明了依靠人民推动历史前进的人间正道。马克思主义唯物史观认为，人民群众是历史的创造者，是推动社会发展进步的主体性力量，能否坚持以人民为中心是划分唯物史观和唯心史观的主要标志。在马克思那里，人民是历史的创造者，理所当然也应是国家和社会的主人，作为创造者的人民主宰自己的命运。马克思主义政党的宗旨就是全心全意为人民服务，强调人民性，为人民服务，不是为了维护自己的统治。马克思主义政党除了工人阶级和最广大人民

---

[1] 习近平：《在中央财经委员会第十次会议上的讲话》，《人民日报》2021年8月18日第1版。

群众的根本利益,没有自己的特殊利益。

资产阶级启蒙思想家也诉诸人民,并针对君权神授而提出主权在民和君权民授的思想,但是,人民只是用来作为权力"合法性"的来源和证明,这并不意味着资产阶级就代表人民的利益,以人民利益作为自己执政的宗旨。资产阶级启蒙思想是为资产阶级统治服务的,也就是为社会上少数富人服务的;从其反对实质平等,只认可形式平等就可以证明这一点。由于实质的不平等,使无产阶级失去人本身:只有运用自己的动物机能才能使自己作为工人去劳动,使他们不能在劳动中获得做人的尊严,因此像逃避瘟疫一样逃避劳动。形式平等体现在政治上,就是大家都有投票权选择领导者,表面看来多么民主!但是,无论怎么选,普通民众,或者能代表民众利益的人选不上,而能够被选上的是那些金融寡头和财阀支持的能够给他们带来利益的人。资本主义民主只不过是有钱人操作与忽悠大众玩的金钱游戏。被民众选举出来的人并不能代表人民,因此,为了拉选票而进行的政治承诺往往只是空头支票。人们的民主权利仅停留在投票环节,即证明合法性这个阶段:"他们只是在选举国会议员的期间,才是自由的;议员一旦选举出之后,他们就是奴隶,他们就等于零。在他们那短促的自由时刻里,他们运用自由的那种办法,也确乎是值得他们丧失自由的。"[1] 在西方政党政治中,政党候选人一旦当选,就同选民的关系疏远了:"真正的决策常常是由政党而不再是由代表各选区利益及愿望的议员来制订。而且,即使在政党内部,也是由少数鲜为人知的有影响力的关键人物作决定。实际情况是:尽管公民相信他主导着国家的决策,但他所起的作用并不比一般股东对'他的'公司的管理所起的作用大多少。"[2]

中国是人民当家作主的社会主义国家,人民是国家的主人,是

---

[1] [法] 卢梭:《社会契约论》,何兆武译,商务印书馆2003年版,第121页。
[2] [美] 艾里希·弗洛姆:《健全的社会》,孙凯祥译,上海译文出版社2011年版,第157—158页。

决定我国前途命运的根本力量。中国共产党和国家的全部工作的出发点和落脚点就是要不断发展好、维护好、实现好最广大人民的根本利益。人民性是中国共产党鲜明的政治本色，党的根基在人民、血脉在人民、力量在人民；党的百年历史，就是践行党的初心与使命，始终与人民同呼吸、共命运的历史。全心全意为人民服务是中国共产党的根本宗旨，我们党始终把人民对美好生活的向往作为自己的奋斗目标，坚持以人民为中心的发展思想，努力抓好保障和改善民众的民生福祉，不断增强人民的获得感、幸福感、安全感，不断推进全体人民共同富裕。习近平总书记在党的二十大报告中指出："我们坚持把实现人民对美好生活的向往作为现代化建设的出发点和落脚点，着力维护和促进社会公平正义，着力促进全体人民共同富裕，坚决防止两极分化。"

为了更好地实现人民当家作主，践行以人民为中心的发展思想，维护社会公平正义，我们党提出发展全过程民主。社会主义民主不同于西方资本主义的民主，西方资本主义民主把民主限定在投票选举环节，人民的参与受到极大的限制，从而使民主流于形式，变成了政治作秀。社会主义民主是实实在在的民主，而不是给人做做样子。人民的参与贯穿于民主选举、民主协商、民主决策、民主管理、民主监督全过程，在民主的各个环节都能充分体现人民当家作主。2021年10月14日，习近平总书记在中央人大工作会议上发表重要讲话强调："我国全过程人民民主不仅有完整的制度程序，而且有完整的参与实践，实现了过程民主和成果民主、程序民主和实质民主、直接民主和间接民主、人民民主和国家意志相统一，是全链条、全方位、全覆盖的民主，是最广泛、最真实、最管用的社会主义民主。"

我们批判以资本为中心的资本主义现代化，并不意味着要否定资本的作用。我们发展市场经济，进行现代化建设也需要发挥资本在资源配置中的积极作用，把按劳分配和按生产要素分配结合起来。习近平总书记在主持十九届中共中央政治局第三十八次集体学习时指出："我国改革开放40多年来，资本同土地、劳动力、技术、数据等生产要素共同为社会主义市场经济繁荣发展作出了贡献，各类资本的积极作用必须充分肯定。"资本具有逐利性，必须加以规范和引导，这不仅是一个经济问题，而且是一个政治问题。通过规范和引导资本健康发展，激发非公有经济资本的活力，使之始终服从和服务于人民和国家利益。发展社会主义经济必须提高经济发展效率，但是不以牺牲社会公平为代价。激发包括资本在内的各类生产要素的活力，提高经济发展效率，促进经济高质量发展，目的是把蛋糕做大，最终实现共同富裕，为此社会分配领域必须体现人民至上的原则。

（二）中国式现代化是以"人与自然和谐共生"现代化对西方"人类中心主义"现代化的否定。

在人与自然的关系上，西方现代化奉行"人类中心主义"，所谓人类中心主义就是以人类利益为中心来评判和安排整个世界。人类中心主义是建立在主客二元对立基础上的，人类作为主体处于主导地位，自然作为客体处于从属和受动的地位。作为客体的自然被看作没有情感和内在价值的消极被动的存在，而作为主体的人类则被看作富有价值和情感的能动的积极的存在。在人类主体面前，作为客体的自然只具有使用价值和工具价值，人类成为凌驾于客体自然之上并对自然进行操控和征服的神性的存在。

人类中心主义体现在康德的思想中就是"人为自然立法"，在康德看来，自然本身没有规律，规律是人赋予自然的。于是康德掀起了一场哥白尼式的革命，即颠倒了真理观，真理不是主观符合客观，而是客观符合主观。人类中心主义体现在费希特的思想中就是人"自我设定自我"，"自我设定非我"，非我就是"我们的世界"，包括自然。费希特认为，没有基于非我的自我，我是君临于自然之上的。"我应该完全不依赖于自然的推动而规定我自己。这不仅使我与自然分离开,而且也把我提高到了自然之上。我不仅不是自然序列的环节,而且还能独立自主地干预自然序列。由于我发现自然力量在我之下,这种力量就成为某种不受我尊重的东西。"[1] 存在主义哲学家海德格尔认为,西方的历史就是存在被遗忘的历史,存在的被遗忘使人成为客体对象的尺度和中心,而自然和世界则成了人的图像,人有计划地对自然施行暴力。

西方这种对征服自然并获得战胜自然的力量的专注,不仅导致了人与自然的疏远,而且还间接地导致了人与他自身的疏远。出现这种问题的根本原因在于西方思想中的主体主义的张扬导致主体与客体之间被挖出一道鸿沟,存在被撕裂,存在变成存在者,人自身之外的所有东西都被当作人自己的对象来看待。主体与客体的彻底的分裂成为西方思想的主要特征。主体主义在处理人与社会的关系上导致个人主义的出现,人与人之间的合作关系被对立和竞争关系所取代;在处理人与自然的关系上导致人类中心主义的出现,从农业文明走向工业文明,人与自然之间的和谐关系被打破。人类为了满足自己物质欲望而无节制地向自然进行索取,自然生态的平衡被破坏;人类破坏自然,自然则反过来不断地报复人类,人类生存环境越来越恶劣,可持续发展问题日益凸显。

习近平总书记指出:"人类进入工业文明时代以来,传统工业化迅猛发展,在创造巨大物质财富的同时也加速了对自然资源的攫取,打破了地球生态系统原有的循环和平衡,造成人与自然关系紧张。从上世纪30年代开始,一些西方国家相继发生多起环境公害事件,损失巨大,震惊世界,引发了人们对资本主义发展模式的深刻反思。"[2] 作为对人类文明发展理念的一种创新,我国继农业文明和工业文明之后,提出第三种文明形式,即生态文明。作为工业

---

[1] [德] 费希特:《伦理学体系》,梁志学、李理译,商务印书馆2010年版,第146页。

[2] 《习近平谈治国理政》第3卷,外文出版社2020年版,第360页。

文明之后的文明形态，生态文明遵循人与自然和谐发展的理念，它的提出既是对中国优秀传统文化的继承和发展，也是对西方工业文明所造成的人与自然之间对立的批判性的反思和认识。

中华优秀传统文化蕴含着人与自然打交道的智慧，它强调天人合一。这种天人合一的整体观与存在主义哲学有着深刻的相似性，二者都反对主客二分的思维方式；在黑格尔看来，主客二分是导致人异化的根本原因。东方智慧与存在主义哲学"两者都关注于本体论和关于存在的研究。两者都寻求一种与在主观—客观分裂之下切开的现实的联系。两者都坚持认为，西方这种对征服自然并获得战胜自然的力量的专注，已经不仅导致了人与自然的疏远，而且还间接地导致了人与他自身的疏远。出现这种相似性的根本原因在于，东方的思想从来都没有遭受这种已经成为西方思想之特征的主观与客观之间的彻底分裂，而这种两分法正是存在主义试图克服的"。① 美国存在主义心理学家罗洛·梅充分肯定了来自东方的哲学智慧，并认为东方思想的这种特定的价值观是一种能够纠正西方的那种主客二分的思想偏见的东西。"当前西方世界对东方思想广泛地产生兴趣，是同样的文化危机、同样的疏远感、同样的对跳出这个导致存在主义运动的两分法恶性循环之渴望的一种反映。"② 梁漱溟把东方的天人合一的文化称为"喜静的文化"，它不强调征服自然，而是追求"与自然融合与自然游乐"；西方文化是"喜动的文化"，即把自然看作征服的对象，它"不能融合其自我于自然之中以与自然相游乐"③。主客二分的文化为什么会使人产生对自然的征服的冲动？在这种思维方式中，客体是被当作主体的障碍来看待的，客体是一个出现在人的眼前的必须消除的障碍。

---

① ［美］罗洛·梅：《存在之发现》，方红、郭本禹译，中国人民大学出版社 2008 年版，第 50 页。
② ［美］罗洛·梅：《存在之发现》，方红、郭本禹译，中国人民大学出版社 2008 年版，第 50 页。
③ 梁漱溟：《东西文化及其哲学》，商务印书馆 2010 年版，第 31 页。

作为对西方主客二分基础上的人类中心主义的回应，生态文明理念强调人与自然是生命共同体，人与自然应是和谐共生的关系。当人类合理利用、友好保护自然时，自然的回报就是慷慨的；当人类无序开发、粗暴掠夺自然时，自然的惩罚也是无情的。我们要以敬畏心对待自然，尊重自然、顺应自然、保护自然，推动形成绿色发展方式和绿色生活方式，走生产发展、生活富裕、生态良好的文明发展道路。所谓尊重自然就是尊重自然的创造与选择，要深刻认识到人类与自然是平等的；自然界是人类赖以生存的基本条件，人与自然是休戚与共的命运共同体。我们对自然要怀有敬畏之心、感恩之情、报恩之意。所谓顺应自然就是不违背自然规律，不要把自己的意志凌驾于自然规律之上。黑格尔指出："当人类欢呼对自然的胜利之时，也就是自然对人类惩罚的开始。"所谓保护自然就是不要一味地对自然进行索取，要合理利用和保护自然生态环境。生态文明理念强调经济发展和生态环境保护并不是矛盾的，二者是相辅相成的。没有良好的自然生态环境，人类的生存质量就不能提高，经济社会就不能得到可持续发展。要"牢固树立保护生态环境就是保护生产力、改善生态环境就是发展生产力的理念。"如果不转变经济发展方式，实现经济的高质量发展，就不能减少人类对自然环境的过度依赖，就会加重生态环境负担；如果不能实现经济的高质量发展，我们就没有更多的财力和物力的投入去改善自然生态环境，去提高人们的美好生活需要。正如习近平总书记指出："生态文明建设事关中华民族永续发展和'两个一百年'奋斗目标的实现，保护生态环境就是保护生产力，改善生态环境就是发展生产力。"[①]

（三）中国式现代化是以"和平崛起"的现代化对西方"野蛮扩张"的现代化的否定。

《新教伦理与资本主义精神》是一部很有影响却试图美化资本

[①]《习近平总书记系列重要讲话读本》，学习出版社、人民出版社2016年版，第233—234页。

主义的著作。该书作者马克斯·韦伯认为，16世纪，欧洲宗教改革运动中产生的新教孕育出资本主义精神。勤勉、守时、诚实、节俭被韦伯视为资本主义精神的典范。也就是说，资本家是靠自己的勤劳致富的，而不是通过榨取工人剩余价值不劳而获的；资本家所进行的资本积累——剩余价值的资本化，是通过减少消费来增加资本投入——不是贪婪，而是节俭。总之，在韦伯看来，秉持资本主义精神的资本家是用理性、和平、节制的方式去追逐利润。韦伯用这些近乎道德楷模的形象掩盖资本主义的野蛮和血腥的发家史。马克思说，资本来到世间每个毛孔都滴着血和肮脏的东西。资本家对内无偿榨取工人的剩余价值，对外通过侵略扩张来掠夺市场和原材料，瓜分势力范围。在自由竞争阶段，资本主义奉行弱肉强食的丛林法则，进入垄断资本主义阶段，金融寡头在全世界范围内进行资本扩张，并通过发动世界大战来实现金融寡头获取高额垄断利益的目的。可以说，资本主义的历史就是用血与火的文字书写的。在美国建国的200多年时间里，只有16年没有打仗。以美国为首的西方国家常常打着自由、民主和人权的幌子，肆意干涉他国内政，践踏他国主权，给非西方国家造成主权、安全和发展利益的巨大损失。

中华民族自古以来就是一个爱好和平的民族，中华传统文化倡导"以和为贵""为而不争""与人为善""协和万邦"，这些思想对养成中华民族礼让谦和、追求和向往和平的民族性格发挥了重要作用。中华民族自古以来就在中华大地上依靠自己的勤劳和勇敢创造了彪炳千秋的文明成就，并在与世界其他民族的友好交流交往中促进了世界文明的发展。正如马克思所说，"火药、罗盘针、印刷术——这是预兆资产阶级社会到来的三项伟大发明。火药把骑士炸得粉碎，罗盘针打开了世界市场并建立了殖民地，而印刷术变成新教的工具，变成科学复兴的手段"①。郑和下西洋早于哥伦布发现美洲大陆近一个世纪，郑和下西洋不是为了掠夺殖民地，而是传播中华文化，加强与所到国家的经贸交流。而哥伦布发现美洲大陆却掀起了欧洲殖民者的殖民扩张，西班牙国王支持哥伦布出海远航是为了同葡萄牙争夺对世界东方的殖民。近代中国由于西方列强的野蛮入侵而沦为半殖民地半封建社会，遭受百年屈辱。只有伟大的民族才能在沉沦中崛起，中国人民在中国共产党的领导下，探索出适合中国国情的革命道路，取得新民主主义革命的胜利，建立中华人民共和国。中国人民坚持独立自主，自力更生，努力探索出一条适合我国国情的社会主义现代化道路，即中国特色社会主义现代化建设道路。中国式现代化的成功树立了世界文明史和平崛起的典范。

（四）中国式现代化是以"人的全面发展"的现代化对西方"人的单向度发展"的现代化的否定。

马克思指出，共产主义通过对资本主义私有财产的积极的扬弃，使"人以一种全面的方式，就是说，作为一个完整的人，占有自己的全面的本质"②。"完整的人"的概念的提出是针对资本主义异化劳动导致人的片面发展。"完整的人意味着人具有健全的生命存在方式。健全的生命存在方式是指人的生存内涵和生存样式具有全面性和丰富性，这是与'片面'和'贫瘠'的生存方式相对而言的。片面和贫瘠就是人的生存方式的抽象化，……人的片面化和抽象化其典型表现就是'神化'和'物化'。""神化"通过把人的本质先验化而取消人的现实性，"物化"通过抽去人的超越性和优越性而抹去人的高贵和尊严，"把人视为一个普通的自然存在物，人和动物就没有了什么区别，甚至类似于无机物"③。

异化劳动使人的生命活动变成赚钱的工具，成为满足肉欲需要

---

① 《马克思恩格斯全集》第47卷，人民出版社2004年版，第427页。
② 马克思：《1844年经济学哲学手稿》，人民出版社2014年版，第81页。
③ 舒心心、穆艳杰：《试析马克思视野下"完整的人"及其理论意义》，《东北师大学报（哲学社会科学版）》2014年第5期。

的手段。劳动作为创造人的活动反而成为人的负担，人只有在不劳动时才能享受生活，而在劳动的时候，没有任何幸福可言。"劳动作为人的对象化活动意味着人对自身及其对象的依赖与超越，随着时间的推移和实践的发展，它逐渐发展成享受与劳动相分离、手段与目的相分离、工作与报偿相分离的异化劳动，使劳动者丧失其自由生命本质——把每个人的完整性、自主性、情感性和统一性碾得粉碎，也滋生了各种社会矛盾和多方面的社会分化。"① 在异化劳动中，人们只有动用自己的生物机能才能从事劳动，动物的东西成为人的东西。汉娜·阿伦特认为，在异化劳动中，空闲时间——除了劳动、睡觉之外的多余时间——所从事的娱乐和消遣也是生物性的，是受生物条件决定的劳动循环中间的空隙；人们不是为了使自己更有文化而去娱乐，而是为了完成生命的新陈代谢。作为生物性生命过程的环节的娱乐也不能使人更有文化，它不具有超功用价值。

异化劳动把人的生命活动——人的类本质——作为赚钱的工具，也就是把人的生命寄托在"物"上，寄托在对物的"需要"上。"私有制使我们变得如此愚蠢而片面，以致一个对象，只有当它为我们所拥有的时候，就是说，当它对我们来说作为资本而存在，或者它被我们直接占有，被我们吃、喝、穿、住等等的时候，简言之，在它被我们使用的时候，才是我们的。"② 追求生活的舒适——以物质条件来支撑——而不是生存内涵和生存样式的全面而丰富的展现。美国哲学家赫伯特·马尔库塞把西方工业社会所培养出来的仅满足于眼前物质需要的人称为"单向度的人"，单向度的人满足于眼前的物质享受，而不再追求自由，不再想象另一种生活方式。"它的生产率和效能，它的增长和扩大舒适生活品的潜力，

---

① 丁昀、王跃：《马克思"完整的人"思想的内在规定性》，《思想教育研究》2017年第9期。
② 马克思：《1844年经济学哲学手稿》，人民出版社2014年版，第82页。

它的把浪费变为需要、把破坏变为建设的能力，这都表明现代文明使客观世界转变为人的精神和肉体达到了什么样的程度。异化概念本身因而成了问题。人们似乎是为商品而生活。小轿车、高清晰度的传真装置、错层式家庭住宅以及厨房设备成了人们生活的灵魂。"[1]《消费社会》的作者鲍德里亚把西方工业社会称为丰盛社会，鲍德里亚认为，在我们周围，存在着一种由不断增长的物、服务和物质财富构成的惊人的消费和丰盛现象。但是西方工业社会却由此陷入增长的恶性循环，并使盲目拜物成为消费的意识形态。

文化是不能用来使用和交换价值的，阿伦特认为，人们对文化的追求是在马克思所说的"闲暇时间"中发生的，"那是我们从生命过程所必须的一切操劳中摆脱出来（free from），从而可以自由地追求（free for）世界及其文化的时间"。[2] 在闲暇时间的劳动不是为了生活，而是生活本身，"我的劳动是自由的生命表现，因此是生活的乐趣"。只有在这个时候才能够展现人的生命活动的丰富性、全面性和创造性。对于马克思来说，人离不开物质需要，唯物主义是从现实的前提出发的，正如马克思在《德意志意识形态》中所说，全部人类历史的第一个前提无疑是有生命的个人的存在。因此，第一个需要确认的事实就是这些个人的肉体组织以及由此产生的个人对其他自然的关系。但是人的肉体的物质需要却不能确认人的类本质，即自由而有意识的活动。这种确认是在人的创造性活动中发生的，也就是在"自由劳动"中发生的，"通过实践创造对象世界，改造无机界，人证明自己是有意识的类存在物"。[3] 自由劳动是人不受肉体需要的影响而进行的劳动，并能够自由面对自己的劳动产品；懂得处处把内在的尺度运用于对象，按照美的规律来

---

[1] [美] 赫伯特·马尔库塞：《单向度的人——发达工业社会意识形态研究》，刘继译，上海译文出版社2008年版，第9页。

[2] [美] 汉娜·阿伦特：《过去与未来之间》，王寅丽、张立立译，译林出版社2011年版，第190页。

[3] 《马克思恩格斯选集》第1卷，人民出版社1995年版，第46页。

构造。在自由劳动中，人能创造美，也能欣赏美，劳动变成了文化创造活动。这种自由的劳动使人的生命变得多姿多彩，使人的才能得到全面的发挥。

实现人的自由全面发展是马克思主义的终极价值追求，共产主义社会就是人的自由而全面发展的社会。正如马克思恩格斯在《共产党宣言》中所说："代替那存在着阶级和阶级对立的资产阶级旧社会的，将是这样一个联合体，在那里，每个人的自由发展是一切人的自由发展的条件。"① 我国是社会主义国家，公有制是我国经济制度的基础，在多种经济成分中，公有制是主体。公有制是生产资料归劳动者共同所有的经济形式，在公有制条件下，人们共同占有生产资料并进行共同劳动，从而为消灭剥削和劳动的异化奠定了基础。作为国家的主人，人民在党的领导下通过自己的劳动创造着美好的生活。我们的生产是为了全体人民共同富裕，我们的发展是为了实现人的全面发展。正如习近平总书记所说，"促进共同富裕与促进人的全面发展是高度统一的"。共同富裕为人的全面发展提供坚实基础，人的全面发展是共同富裕的价值追求。我们党领导人民推进中国式现代化建设过程中，始终把实现人的全面发展作为奋斗目标。邓小平把物质文明和精神文明"两手抓，两手都要硬"提高到战略地位，强调社会主义现代化不但要有高度的物质文明，还要有高度的精神文明。"三个代表"重要思想强调要代表最广大人民的根本利益，促进人的全面发展，并阐述了经济文化发展与人的全面发展之间的辩证关系。科学发展观强调促进经济社会与人的全面发展，坚持以人为本，最终是为了实现人的全面发展，既要满足人民的物质文化需要，又要促进人民素质的全面提升。

习近平新时代中国特色社会主义思想坚持以人民为中心的发展思想，把增进人民福祉、促进人的全面发展作为发展的出发点和落

---

① 《马克思恩格斯选集》第 1 卷，人民出版社 1995 年版，第 294 页。

脚点。党的十八大以来，在习近平新时代中国特色社会主义思想指导下，我国社会生产力水平显著提高，各项制度更加完善，为满足人民日益广泛的美好生活需要，促进人的全面发展创造了雄厚的物质基础和良好的社会环境。今天的中国政通人和、社会和谐稳定、人民安居乐业，每个人都在自己的岗位上，为祖国的繁荣富强发挥着自己的聪明才智。

参考文献

1. ［法］卢梭：《社会契约论》，何兆武译，商务印书馆 2003 年版。

2. ［法］卢梭：《爱弥儿》上下卷，李平沤译，商务印书馆 1978 年版。

3. ［法］卢梭：《论科学与艺术》，何兆武译，商务印书馆 1963 年版。

4. ［法］卢梭：《论人与人之间不平等的起因和基础》，李平沤译，商务印书馆 2015 年版。

5. ［德］卡希尔：《卢梭·康德·歌德》，刘东译，生活·读书·新知三联书店 2002 年版。

6. 《马克思恩格斯选集》（1—4 卷），人民出版社 1995 年版。

7. 马克思：《1844 年经济学哲学手稿》，人民出版社 2014 年版。

8. 《马克思恩格斯全集》第 1 卷，人民出版社 1956 年版。

9. ［美］古尔德：《马克思的社会本体论：马克思社会实在理论中的个性和共同体》，王虎学译，北京师范大学出版社 2009 年版。

10. ［美］奥尔曼：《异化：马克思论资本主义社会中人的概念》，王贵贤译，北京师范大学出版社 2011 年版。

11. ［英］特里·伊格尔顿：《马克思为什么是对的》，李杨、任文科、郑义译,新星出版社 2011 年版。

12. ［以］阿维纳瑞:《马克思的社会与政治思想》,张东辉译,知识产权出版社 2016 年版。

13. ［英］戴维·麦克莱伦:《马克思思想导论》,郑一明、陈喜贵译,中国人民大学出版社 2008 年版。

14. ［加］安德鲁·芬伯格:《实践哲学——马克思、卢卡奇和法兰克福学派》,王彦丽、葛勇义译,江苏人民出版社 2022 年版。

15. ［德］黑格尔:《法哲学原理》,范扬、张企泰译,商务印书馆 1961 年版。

16. ［德］曼弗雷德·里德尔:《在传统与革命之间——黑格尔法哲学研究》,朱学平、黄钰洲译,商务印书馆 2020 年版。

17. ［德］费希特:《伦理学体系》,梁志学、李理译,商务印书馆 2010 年版。

18. ［德］胡塞尔:《欧洲科学的危机与超越论的现象学》,王炳文译,商务印书馆 2001 年版。

19. ［英］梅因:《古代法》,沈景一译,商务印书馆 1959 年版。

20. ［美］汉娜·阿伦特:《人的境况》,王寅丽译,上海人民出版社 2009 年版。

21. ［美］理查德·布隆克:《质疑自由市场经济》,林季红译,江苏人民出版社 2000 年版。

22. ［美］艾·弗洛姆:《自我的追寻》,孙石译,上海译文出版社 2012 年版。

23. ［英］史蒂文·卢克斯:《个人主义》,阎克文译,江苏人民出版社 2001 年版。

24. ［加］查尔斯·泰勒:《本真性伦理》,程炼译,上海三联书店 2012 年版。

25. ［德］恩斯特·卡西尔：《人论》，甘阳译，西苑出版社2004年版。

26. ［德］海因里希·罗门：《自然法的观念史和哲学》，姚中秋译，上海三联书店2007年版。

27. ［美］威廉·H. 布兰查德：《革命的道德》，戴长征译，中央编译出版社2004年版。

28. ［法］茨维坦·托多洛夫：《脆弱的幸福》，孙继红译，华东师范大学出版社2012年版。

29. ［法］蒙田：《蒙田散文》，梁宗岱、黄建华译，人民文学出版社2005年版。

30. ［美］S. E. 斯通普夫、J. 菲泽：《西方哲学史》，匡宏等译，世界图书出版公司2009年版。

31. ［美］马克·拉索尔：《向着大地和天空，凡人和诸神——海德格尔导读》，姜奕辉译，中信出版集团股份有限公司2015年版。

32. ［美］乔·萨利托：《民主新论》，冯克利、阎克文译，东方出版社1993年版。

33. ［英］弗里德里希·奥古斯特·哈耶克：《致命的自负》，冯克利、胡晋华等译，中国社会科学出版社2000年版。

34. ［美］A. 麦金泰尔：《德性之后》，龚群、戴扬毅译，中国社会科学出版社1995年版。

35. ［英］卡尔·波普尔：《开放社会及其敌人》，陆衡等译，中国社会科学出版社1999年版。

36. 石元康：《从中国文化到现代性：典范转移？》，生活·读书·新知三联书店2000年版。

37. 刘大椿：《自然辩证法概论》，中国人民大学出版社2008年版。

38. ［法］茨维坦·托多罗夫：《启蒙的精神》，马利红译，华东师范大学出版社 2012 年版。

39. ［美］大卫·雷·格里芬：《后现代精神》，王成兵译，中央编译出版社 2012 年版。

40. ［英］洛克：《政府论》下篇，叶启芳、瞿菊农译，商务印书馆 1964 年版。

41. ［美］艾里希·弗洛姆：《健全的社会》，孙凯祥译，上海译文出版社 2011 年版。

42. ［美］艾里希·弗洛姆：《逃避自由》，刘林海译，上海译文出版社 2015 年版。

43. ［意］萨尔沃·马斯泰罗内：《欧洲政治思想史——从十五世纪到二十世纪》，黄华光译，社会科学文献出版社 1998 年版。

44. ［英］安东尼·吉登斯：《现代性的后果》，田禾译，译林出版社 2011 年版。

45. ［英］约翰·伯瑞：《进步的观念》，范祥涛译，上海三联书店 2005 年版。

46. ［美］列奥·施特劳斯：《自然权利与历史》，彭刚译，生活·读书·新知三联书店 2003 年版。

47. ［英］以赛亚·伯林：《浪漫主义的根源》，吕梁等译，译林出版社 2011 年版。

48. ［德］卡尔·雅斯贝斯：《时代的精神状况》，王德峰译，上海译文出版社 2013 年版。

49. ［美］维塞尔：《普罗米修斯的束缚》，李昀、万益译，华东师范大学出版社 2014 年版。

50. ［美］汉娜·阿伦特：《过去与未来之间》，王寅丽、张立立译，译林出版社 2011 年版。

51. ［美］维塞尔：《马克思与浪漫派的反讽——论马克思主义神话诗学的本源》，陈开华译，华东师范大学出版社 2008 年版。